N & K

Eugen Sorg
Die Lust am Bösen
Warum Gewalt
nicht heilbar ist

Nagel & Kimche

Der Verlag dankt der Dr. Adolf Streuli-Stiftung
für ihre freundliche Unterstützung

4 5   15 14 13 12 11

© 2011 Nagel & Kimche
im Carl Hanser Verlag München
Herstellung: Andrea Mogwitz und Rainald Schwarz
Satz: Gaby Michel, Hamburg
Druck und Bindung: Friedrich Pustet
ISBN 978-3-312-00474-4
Printed in Germany

Die Lust am Bösen
Warum Gewalt
nicht heilbar ist

Gute und schlechte Nachbarn

Es war im Frühjahr 1992, und ich befand mich seit wenigen Tagen als Delegierter des Internationalen Komitees des Roten Kreuzes (IKRK) im zerfallenden Jugoslawien. Die Kämpfe zwischen den Serben und den Kroaten waren größtenteils eingestellt, dafür war der Bürgerkrieg vor kurzem umso heftiger in Bosnien wieder aufgeflammt. Ein etwa fünfzigjähriger Kroate, Präsident des lokalen kroatischen Roten Kreuzes, informierte mich bei einem Mittagessen in seinem Städtchen Nova Gradiška über die neu angekommenen Flüchtlinge aus Bosnien. Der umgängliche, gemütlich wirkende Mann – «ich bin Krešimir» – schilderte deren prekäre Situation und zählte die vielfältigen humanitären Einsätze seiner Organisation auf. Dann kam er unvermittelt auf das Wesen der Serben zu sprechen. «Früher», meinte der Präsident, «habe ich geglaubt, die Serben seien Menschen. Jetzt weiß ich, dass sie es nicht sind.» Woher er dies wisse, fragte ich. «Da gibt es zum Beispiel», antwortete er, «diese Frau im Flüchtlingslager, eine Kroatin aus Bosnien. Die Serben haben sie zu einem Feuer gebracht, wo ihr Sohn am Spieß wie ein Schwein geröstet wurde. Sie zwangen die Frau, davon zu essen.»

Für einen Moment blieb mir der Bissen im Hals stecken. Der Präsident und die anderen Tischgäste des Ortes ließen sich weiter ungerührt die Ćevapčići schmecken. Sie schienen alle die Auffassung Krešimirs zu teilen, und sie hatten einander offensichtlich schon so viele ähnliche Geschichten erzählt, dass sie ihnen nicht mehr auf den Magen schlugen. Mein freundlicher Gastgeber und seine Kumpane erschienen mir mit einem Mal abstoßend. Es war Krieg, und sie wollten mich von ihrem kroatischen, gerechten Kampf überzeugen, indem sie die Unmenschlichkeit des Gegners möglichst grell zeichneten. Das war sogar für jemanden wie mich nachvollziehbar, der aus einem Land stammt, wo der letzte kriegsähnliche Vorfall vor hundertfünfzig Jahren stattfand, nur drei Wochen dauerte und nicht mehr als hundertfünfzig Tote forderte. Aber konnten sie im Ernst annehmen, dass ich eine derart primitive, ekelhafte Schauermär schlucken würde? Für wie idiotisch hielten sie mich? Es waren halb bäuerliche Typen, aufgewachsen im kulturellen Mief des Kommunismus, zivilisatorisch irgendwo auf dem Weg vom Dorf in die Stadt stehengeblieben. Doch nicht mal sie selbst, dachte ich mir, würden glauben, was sie über ihre serbischen Nachbarn verbreiteten. Sie konnten zwar besser mit Axt und Jagdgewehr umgehen als mit Messer und Gabel, aber sie waren nicht dumm. Warum also erzählten sie diese Geschichte?

Im Lauf der nächsten Monate bereiste ich die verschiedenen Kriegszonen des Landes und hörte Dutzende weiterer Versionen solcher Berichte, meistens ergänzt durch Vergewaltigungsszenen. Jeder Kroate oder Serbe oder Bosniake wusste von abscheulichen Einzelheiten, die von der jeweils anderen Seite begangen worden waren, und jeder schwor, dass seine Geschichte wahr sei. Bei Besuchen in bosnischen Dörfern wurden uns vom Bürgermeister oder vom Militärkommandanten häufig Fotos oder Videoaufnahmen von fürchterlich zugerichteten Leichen gezeigt, von Frauen, Kindern, Alten – Beweise für die Barbarei des Gegners. Ein serbischer Militärsprecher namens Milutinović im bosnischen Banja Luka veröffentlichte in schlechtem Englisch geschriebene Pamphlete zuhanden der Weltöffentlichkeit, in denen er Monstrositäten der Feinde aufzählte. In einem dieser Elaborate mit dem Titel *Gewaltsame Hände auf der serbischen Frau* behauptete er, dass von den Kroaten und muslimischen Bosniaken «Menschenaugen und -ohren zu Halsketten aufgereiht, Schädel gespalten und Gehirne verspritzt, menschliche Bratspieße und die Körper von Kindern mit Bajonetten durchbohrt worden sind».

Weiter schrieb er, dass «nach vor vielen Jahren gefassten, krankhaften Plänen und auf Befehl der islamischen Fundamentalisten in Sarajevo gesunde serbische Frauen zwischen siebzehn und vierzig ausgesondert und mit orthodoxen islamischen Samen geschwängert werden, um eine Generation von Janitscharen [Elitetruppe der osmanischen Herrscher, gebildet aus verschleppten und zwangsislamisierten Knaben christlicher Familien] aufzuziehen».

Doch nicht nur womöglich zurückgebliebene Provinzler oder halluzinierende Militärköpfe kolportierten solches Zeug, sondern auch kultivierte Städter und Akademiker. Die Auffassung, dass der jeweiligen Gegenseite *alles* zuzutrauen sei, war unabhängig von Intelligenz und Bildung. Wirklich erschreckend war allerdings, dass diese Schilderungen, die an billige Splatterfilme erinnern, keineswegs bloße Phantasiegebilde waren – vielmehr lagen ihnen, paranoide nationalistische Ausschmückungen einmal abgezogen, tatsächliche Vorkommnisse zugrunde. Immer mehr Flüchtlinge bestätigten die Greuel, die bei der Vertreibung und in Lagern an ihnen begangen worden waren.

Waren die anfänglichen Abwehrreflexe einmal überwunden, lernte man, genauer hinzuhören. Die gleichen Dinge wurden auf verschiedene Arten erzählt. Die Besiegten und

Gedemütigten hielten sich zurück mit Hasstiraden gegen ihre Peiniger und sparten viele blutige Details aus. Wenn sie überhaupt welche preisgaben, dann erst im Verlauf eines längeren Gesprächs, und dann taten sie es knapp, wie nebenbei, oft teilnahmslos, als würde es sie nichts mehr angehen oder als würden sie von jemand anderem sprechen. Sie standen unter Schock und waren erfüllt von Scham und Entsetzen.

Angehörige der Täter hingegen, die ihr Dorf oder ihre Region «ethnisch säuberten» oder bereits «gesäubert» hatten, breiteten ihre Anschuldigungen ungefragt aus. Ihre Emotionen schienen nicht mit der Schwere der Vorwürfe zusammenzupassen. Immerhin behaupteten sie, dass die Gegenseite die elementarsten Gesetze der Menschlichkeit gebrochen habe. Aber wenn sie Erschütterung, Abscheu oder Empörung äußerten, wirkte es unecht, blass. Häufig schlugen sie einen leicht feierlichen, verschwörerischen Ton an, um die Aussagen als brisantes, bisher geheimes Wissen erscheinen zu lassen. Aber auch das wirkte gespielt und aufgesetzt. Dazu kam, dass sie eigentlich gar nicht richtig versuchten, mich davon zu überzeugen.

Die nationalistischen Medien übernahmen die Geschichten ungefiltert und ungeprüft und inszenierten sie mit den Mitteln des Boulevards lustvoll-grimmig als Gewaltpornographie. Und die Geschichten verbreiteten sich auch schnell in der Diaspora. Ich lebte damals in einem Zürcher Stadtquartier mit einem relativ hohen Anteil jugoslawischer Einwohner. Der Bürgerkrieg hatte auch sie in verschiedene Gruppen gespalten, die den Kontakt untereinander abbrachen. Als ich später für einen längeren Zeitungsartikel unter ihnen recherchierte, stellte ich fest, dass jede der befragten Familien Greuel-Videos besaß oder gesehen hatte, wie sie uns in den bosnischen Dörfern gezeigt worden waren.

Langsam wurde mir der Sinn der Schauergeschichten klar. Es war egal, ob sie stimmten oder nicht, ob man daran glaubte oder nicht. Ihre Aufgabe war es nicht, die Welt aufzurütteln und über Ungeheuerliches aufzuklären. Es ging in erster Linie darum, die Kolporteure und ihr Publikum bei Laune zu halten. Das Auseinanderfallen des jugoslawischen Staates hatte Existenzängste ausgelöst, aber auch Möglichkeiten eröffnet, vom Chaos zu profitieren. Politische, juristische, gesellschaftliche Grenzen waren unverbindlich geworden, es gab keine funktionierenden Einrichtungen mehr, um Übertretungen zu bestrafen. In dieses Vakuum schossen die Geschichten hinein, fiebrig, unkontrolliert, psychotisch. Sie waren der emotionale Treibstoff des Bürgerkriegs, die Gründungsmythen der sich neu erfindenden Nationen, das Alibi der Mörder. Die Dämonisierung der anderen Gruppe schweißte die eigene zusammen, mobilisierte archaische Kampfenergien und setzte zivilisatorische Hemmungen außer Kraft. Alles war erlaubt – Raub, Landnahme, Erniedrigung, Vernichtung – gegenüber dem, den man als heimtückischen Untermenschen darstellen konnte. Die Geschichten befreiten von der lästigen Aufsicht des Gewissens und verhalfen zu einem Persilschein für die Machtübernahme der niedrigen Instinkte. Sie verrieten mehr über die eigenen Taten und Begehrlichkeiten als über diejenigen des Gegners. Sie waren der Siegesgesang des Bösen.

Als der Serbe Milutinović in Banja Luka von den «gewaltsamen Händen auf der serbischen Frau» dröhnte, betrieben zur gleichen Zeit seine Leute ein paar Kilometer entfernt in einer Eisenverhüttungsanlage das berüchtigte Lager von Omarska. In wenigen Wochen wurden dort von rund 13 000 kroatischen und muslimischen Insassen 5000 getötet. Ich führte später mit einigen Überlebenden lange Interviews. Sie erzählten, wie sie in Gitterverschläge, Schuppen, Garagen gepfercht und regelmäßig mit Stöcken, Eisenstangen, Baseballschlägern brutal geschlagen wurden. Bei den sogenannten Verhören machten sich die betrunkenen Wächter einen Spaß daraus, die hungernden und zitternden Insassen mit immer neuen Methoden zu quälen. Einem wurden Eisennägel durch die Füße getrieben, ein anderer wurde gezwungen, einem Mitgefangenen die Hoden abzubeißen. Die Toten wurden von Häftlingen auf Laster geladen und in die Minenschächte geworfen. Keinen der Häftlinge, die den Transport begleiteten, sah man zurückkehren. In vielen Fällen kannten sich die Täter und die Opfer von der Arbeit, von den Kaffeehäusern, von gemeinsamen Feiern.

Die erstaunlichste und bestürzendste Erfahrung für mich war aber, dass ich nie eine Äußerung von Mitleid mit den ehemaligen Nachbarn hörte, die in die Hölle gestürzt worden waren.

Im Osten Kroatiens etwa, am Fuß der grünen, sanft rollenden Hügel des Papukgebirges, existierten Dörfer mit einer seit Generationen überwiegend serbischen Bevölkerung. Um die außergewöhnliche Schönheit und Unberührtheit des Gebiets zu bewahren und «seltene und gefährdete Arten zu schützen», wurde es 1999 von der kroatischen Regierung zum Naturpark erklärt. Keinen Schutz hatten dagegen die serbischen Siedlungen genossen. Sie wurden 1991 nach Ausbruch des Bürgerkriegs von den Kroaten erobert, und die Serben mussten ihre Dörfer verlassen. Die meisten zogen mit ihren wenigen Habseligkeiten weiter nach Serbien, wo sie zwar Fremde waren, aber nicht mehr bedroht. Einige Alte weigerten sich, ihr Heim aufzugeben, in dem schon ihre Eltern und Großeltern aufgewachsen waren. Man vertrieb sie, indem man regelmäßig auf ihre Häuser feuerte und Handgranaten in ihre Gärten warf oder sie umstandslos hinausbeförderte. Bevor ihre Häuser gesprengt oder angezündet wurden, verschmierte man sie mit nationalistischen Beschimpfungen, räumte alles aus, Radiatoren, wc-Schüsseln, Küchenherde, Möbel, Türen, und lud die Beute auf den beschlagnahmten Traktor. Was die Kommandanten nicht selbst brauchen konnten, verteilten sie an Mitkämpfer oder Verwandte, den Rest brachten sie auf den Markt der Bezirkshauptstadt Pozega. Wer von den alten Serben rüstig und tapfer genug war, konnte zuschauen, wie sein Leben öffentlich verhökert wurde.

Ein Jahr danach suchte ich im Bezirk nach verbliebenen serbischen Einwohnern. In den Dorfruinen und den geschändeten orthodoxen Friedhöfen wuchs Unkraut, und von den Alten war kaum mehr eine Handvoll am Leben. Ein ergrautes Pärchen hauste neben seinem abgefackelten Haus in einem ehemaligen Schweinestall. Ein dreiundachtzig Jahre alter Mann war in die geschlossene Abteilung des regionalen Irrenhauses gesteckt worden, obwohl er geistig völlig gesund war, was die zuständige Krankenschwester bestätigte. Ein Großmütterchen fand ich im öffentlichen Schlafsaal einer Notunterkunft, weinend, schmutzig, verwirrt und verängstigt. Der Heimleiter, ein ausgebildeter Sozialarbeiter, hatte seit einem Jahr verhindert, dass ihre Angehörigen, die auf die serbische Seite geflüchtet waren, mit ihr in Kontakt treten konnten. Diese Leutchen stellten keinerlei Sicherheitsrisiko dar, die Schikanen hatten lediglich den Sinn, sie zu demütigen.

Angesprochen auf diesen Umstand, meinte der Heimleiter ungerührt, er würde die Alte auch lieber loswerden als füttern. «Doch wir kennen die Serben. Sie sind primitiv, aber hinterhältig. Angst ist eine ihrer Strategien.» Ich erzählte einer kroatischen Bekannten davon, einer Künstlerin, die in Paris und Zagreb lebte. Sie konnte an der Haltung des Heimleiters nichts Falsches erkennen. Als ich daraufhin glaubte, sie an die Ustascha erinnern zu müssen, die kroatischen Faschisten, die im Zweiten Weltkrieg mit genau dieser Einstellung allein im Konzentrationslager von Jasenovac 100000 Serben und Juden umgebracht hätten, beeindruckte sie das nicht im Geringsten. «Du siehst», antwortete sie, «was wir heute davon haben. Wir hätten sie alle umbringen müssen.»

Der Westen, nach dem Ende des Kalten Krieges vom Weltfrieden träumend, war vom Ausbruch des Bürgerkriegs in Jugoslawien besonders heftig überrumpelt worden. Die Linke hatte während Jahrzehnten das jugoslawische Modell eines dezentralen, selbstverwalteten Sozialismus gepriesen, und die Rechte hatte mit Genugtuung darauf reagiert, dass sich das Land schon früh von Stalin abgewandt hatte und eine vom Moskauer Ostblock unabhängige Politik betrieb. Noch im Mai 1990 pries das *Wall Street Journal* Jugoslawien als den für Investitionen attraktivsten Standort Osteuropas. Die Urlauber aus Winterthur, Graz oder München wiederum genossen die wild-romantischen Küsten Istriens und Dalmatiens, welche in einer Tagesfahrt mit dem Auto erreichbar und wo die Preise auch für gewöhnliche Familien zahlbar waren. Umgekehrt lebten in Westeuropa Hunderttausende von Gastarbeitern aus dem Balkan, und in einem ihrer zahlreichen Restaurants konnte man mit dem lustigen Wirt, mit Goran oder Ibro oder Dobrica, bei Grillspießchen und Slivovic die schönen Erinnerungen an die Sommerferien aufleben lassen.

Niemand hätte sich vorstellen können, dass Dubrovnik, die «Perle der Adria», plötzlich unter Artilleriebeschuss der von Serben dominierten jugoslawischen Volksarmee geraten könnte; dass Sarajevo eingekesselt und in der längsten Belagerung des 20. Jahrhunderts während vier Jahren mit durchschnittlich 329 Granaten pro Tag und unzähligen Scharfschützenkugeln eingedeckt werden sollte, abgefeuert von den Hügeln rund um die Stadt, wo kurz zuvor an den Olympischen Winterspielen 1984 die Jugend der Welt unter dem Motto der Völkerverständigung miteinander gewetteifert hatte; oder dass die Idee der Selbstverwaltung in der basisdemokratischen und autonom organisierten Erschlagung der einen Volksgruppe durch die andere ihre traumatische Verwirklichung finden sollte.

So konsterniert die westlichen Beobachter waren, so rasch und übereinstimmend fielen ihre Urteile aus. Allgemein wurde der unselige Nationalismus für die Wirren im Südosten Europas verantwortlich gemacht. Unter Vaterdiktator Tito verboten, seien nach dessen Tod die vorkommunistischen politischen Leidenschaften aus der Zeit des Zweiten Weltkriegs umso heftiger wieder hervorgebrochen, und in der Folge unbeglichene historische Rechnungen, Fanatismus, Rachegelüste, Hass. Die gleichzeitige Wiederbelebung der verschiedenen religiösen Traditionen – Katholizismus, Orthodoxie, Islam – habe den gefährlichen Sud mit einem zusätzlichen Gift angereichert.

Die national-religiöse Konfliktdeutung befriedigte jedoch vor allem die Bedürfnisse ihrer eigenen Urheber. Dem gleichen Schutzreflex gehorchend, den Krešimirs Grillgeschichte bei mir hervorgerufen hatte, verscheuchte man die hässlichen gegenwärtigen Ereignisse als der Vergangenheit zugehörig. Zwar waren die Tötungen real und geschahen heute, aber die Motive der Mörder rührten von früheren Kränkungen her, entstammten einer historisch überwundenen Epoche, die wie ein Gespenst, wie eine übermächtige Erinnerung ein letztes

Mal das kultivierte Europa heimsuchte, bevor sie sich endgültig verabschieden würde. Nationalismus gilt in den aufgeklärten westlichen Milieus als hinterwäldlerische und unterbelichtete Weltanschauung, und traditionelle Religion wird gemeinhin, wenn sie nicht buddhistisch weisheitelnd oder spirituell lächelnd daherkommt, als Lebenshilfe der schlichteren Gemüter betrachtet. Mit der Historisierung und Ideologisierung des Gemetzels hielt man es sich vom Leib und konnte elegant formulieren, was man insgeheim dachte, aber nie öffentlich zugegeben hätte: Die Balkanesen sind primitiv. Bei uns Aufgeklärten hätte so etwas nicht passieren können.

Abgesehen davon, dass damit die Rechtfertigungen der enthemmten Soldateska bestätigt wurden, die ihre Taten ebenfalls als patriotischen Akt darstellten, unterließ man es, ein paar naheliegende Fragen zu stellen. Wie sollte es möglich sein, dass nationale Leidenschaften und aufgestauter Hass so lange unbemerkt bleiben konnten? Die Völker Jugoslawiens hatten seit beinahe einem halben Jahrhundert unter einem Dach friedlich zusammengelebt. Die meisten sprachen dieselbe Sprache, aßen, tranken und sangen zusammen an den religiösen und den vielen anderen Festen, befreundeten sich und heirateten untereinander. Warum hätten ausgerechnet Millionen von Jugoslawen das tun können, was sonst keinem Menschen gelingt: tiefste Abneigung gegen den Nachbarn ein Leben lang erfolgreich verbergen?

Zu Beginn der siebziger Jahre hatte es in Zagreb Demonstrationen von Studenten und Intellektuellen gegen die Zentralregierung in Belgrad gegeben. Die «Kroatischer Frühling» genannte Bewegung forderte mehr Föderalismus, das heißt mehr Autonomie für die Teilrepubliken, was für die kroatische Seite, die dank dem Tourismus über die Hälfte der nationalen Devisen erwirtschaftete, aber nur sieben Prozent davon behalten durfte, auch finanziell vorteilhaft gewesen wäre. Tito, Spross einer slowenisch-kroatischen Ehe, ließ die Bewegung niederschlagen (um wenige Jahre später deren Forderungen weitgehend zu erfüllen). Hätte jener tiefe nationale Hass existiert, wäre er spätestens in diesen aufgewühlten Tagen durchgebrochen. Leidenschaften, individuelle und erst recht kollektive, entzünden sich an geringsten Ereignissen und lassen sich weder durch taktische Erwägungen noch durch drohende Vergeltung eindämmen. Doch es kam weder von Kroaten noch von Serben zu Übergriffen auf ihre Landsleute.

Nationalismus und Religion als primäre Ursache des Krieges anzusehen, blendete tatsächliche, mächtigere Antriebe des Handelns aus. Die meisten Menschen berauschen sich nicht an Ideen, sondern sie benutzen Ideen, um ihren Rausch zu legitimieren. Man bestiehlt und tötet den anderen aus konkreten Gründen: aus Habgier, Eifersucht, Rache und Lust, zur Selbstverteidigung, weil man dazu gezwungen wird, weil man glaubt, nicht erwischt zu werden – aber kaum aus einer abstrakten Idee heraus. Die Scharfmacher des Bürgerkriegs, etwa der kroatische General Franjo Tudjman oder der serbische Politiker Slobodan Milošević, waren streberhafte Karriere-Kommunisten, bleiche Geschöpfe des Apparats. Der Nationalismus lieferte ein Feigenblatt, um ihren kalten Hunger nach Macht zu kaschieren. Jeder wusste oder ahnte das, auch ihre Anhänger mit den Flaggen und Abzeichen und folkloristischen Mützen, die nicht aus höheren Beweggründen jubelten, sondern weil sie sich auf die kommenden Tage der Hatz und des kollektiven Siegerrauschs freuten.

Es brauchte nicht viel, um den historischen Maskenball in einen Blutkarneval kippen zu lassen. Jede Gesellschaft hat ihren Bodensatz an Asozialen, Psychopathen, Mördern, der in aufgewühlten Zeiten an die Oberfläche gespült wird. Literarisierende Mythomanen wie der Psychiater Karadžić oder der hochintelligente, skrupellose, mit einem Sprachfehler geschlagene Jurist Šešelj oder Berufsverbrecher wie Arkan kreierten Kampfslogans und gründeten Freischärlertrupps – «Weiße Adler», «Die Rächer», «Skorpione», «Schwarze Legion», «Tiger», «Feuerpferde» –, in denen sich Herumtreiber, ehemalige Fremdenlegionäre, Abenteurer, Perverse, Romantiker ansammelten. Diese mobilen, schwerbewaffneten Banden bildeten die Speerspitze der Vertreibungspolitik. Sie tauchten in den strategisch wichtigen Ortschaften auf und zögerten keine Sekunde, bevor sie mit dem Töten begannen.

Sie wurden von ihren jeweiligen Regierungen mit Logistik, Waffen und Truppeneinheiten unterstützt. Aber trotzdem war es nicht sicher, ob der von den skrupellosen Tito-Diadochen gewünschte Krieg auch wirklich in Gang kommen würde. Hätte die Mehrheit der Bevölkerung den Versuchungen der Anarchie widerstanden, hätte sie den parastaatlichen Anmaßungen die bewährten Untertanen-Tugenden des Sich-Dummstellens, Durchschummelns, Unsichtbarmachens entgegengestellt, wäre es in Kroatien oder Bosnien vielleicht bei einigen Massakern geblieben, ohne dass das ganze Land in den Abgrund gerissen worden wäre. Doch wenn in Bijeljina, Višegrad, Banja Luka, Prijedor die serbischen Kriminellengangs und Paramilitärs auf offener Straße, am helllichten Tage muslimische Passanten umbrachten oder abgeschnittene Köpfe über das Dorfpflaster kickten oder Moscheen mitsamt den darin eingesperrten Frauen, Männern und Kindern niederbrannten, dann gab es kaum eine wie auch immer geartete Missbilligung seitens der serbischen Nachbarn.

Im Gegenteil. Die Bereitschaft der normalen Bürger und

Bürgerinnen, sich den Marodeuren anzuschließen, war groß. In Foča und Umgebung wurden 10 000 Menschen, die Hälfte aller Bosniaken, umgebracht, in Zvornik 6000 – innerhalb weniger Tage. Eine spätere Untersuchung zeigte, dass sich ein Großteil der serbischen Mitbewohner freiwillig in irgendeiner Form – als Totschläger, Vergewaltiger, Informant, Plünderer – daran beteiligt hatte. Im Herbst 1992 besuchte ich mit dem IKRK das ostbosnische Städtchen Vlasenica. Bei der letzten Volkszählung kurz vor dem Krieg war die Mehrheit der Einwohner muslimisch, dann war es von serbischen Kämpfern besetzt worden, und Flüchtlinge hatten erzählt, dass die dortigen Bosniaken in größter Gefahr seien. Die Gegend war stark umkämpft, vom belagerten, nahegelegenen Srebrenica her hörte man das Wummern der Artillerie. Als wir auf dem Dorfplatz aus dem Wagen stiegen, schien das Leben um uns herum für einen Moment einzufrieren. Alle starrten uns an, die Alten im Kaffeehaus, die bewaffneten Männer, die sie begleitenden Kinder und Halbwüchsigen, die Gemüsehändlerin, die schwarzgekleideten alten Frauen. Und alle hatten denselben wilden, drohenden, kalten Ausdruck in den Augen, ähnlich jenem verstörenden Blick, den ich bei Soldaten gesehen hatte, die direkt von der Front zurückkehrten. Ein Blick wie aus einer anderen, heillosen Welt. Man konnte es förmlich riechen: Hier waren vor kurzem schreckliche Dinge passiert, und jeder der Anwesenden war darin verwickelt. Sie waren Komplizen, und wir waren in ihr Geheimnis hineingeplatzt.

Wir hatten etwa zwei Dutzend Briefe von Bosniaken mitgebracht, die wir ihren Verwandten im Dorf überbringen sollten. Als wir den Bürgermeister baten, uns hinzuführen, überflog er die Namen der Adressaten und meinte, die seien alle abgereist. Wir baten ihn, uns trotzdem hinzubringen.

Jedes Haus, das wir aufsuchten, war abgebrannt, und die Nachbarn gaben alle dieselbe eisig-knappe Auskunft: «Abgereist.» Dabei schauten sie, als würden sie uns gleich ins Gesicht spucken. «Wohin sind denn alle gegangen?», fragte ich auf dem Rückweg den Bürgermeister. «An verschiedene Orte», meinte er. «Gibt es in der Stadt überhaupt noch Muslime?» – «Nicht dass ich wüsste.» – «Vor dem Krieg lebten hier 4800 Muslime. Und alle sind freiwillig gegangen?» – «Größtenteils. Für die Frauen und Kinder haben wir sogar einen Bustransport ins muslimische Tuzla organisiert.»

Natürlich wusste er, dass ich wusste, dass er log, aber es kümmerte ihn offensichtlich wenig. Wir sagten ihm, dass wir gern das Polizeigefängnis und die Schule sehen würden, und er willigte sofort ein. Neben Sportstadien, Fabriken, Warendepots waren dies Örtlichkeiten, wo man oft als Erstes die aus ihren Häusern Verschleppten einsperrte. Aber wir kamen zu spät. Die Polizeizellen waren leer und frisch gestrichen, leer wie die intensiv nach Putzmitteln riechende Turnhalle und die sauber glänzenden Schulzimmer. Wir blieben über Nacht, und ich unterhielt mich noch mit verschiedenen Leuten aus dem Ort. Alle wiederholten übereinstimmend, dass die Muslime unbehelligt und aus freien Stücken abgereist seien. Nur wenige Kilometer entfernt befand sich das Lager von Sušica, ein «Transit-Zentrum» für die «freiwillig» Ausreisenden. Im Gegensatz zu unseren Gesprächspartnern wussten wir zu diesem Zeitpunkt noch nicht, dass es ein Gefangenencamp war, in dem die Insassen den scheußlichsten Misshandlungen ausgesetzt wurden.

Schon drei Jahre später sollte gegen dessen Leiter, gegen Dragan «Jenki» Nikolić, Angestellter der örtlichen Aluminiumfabrik, die erste Anklageschrift des Kriegsverbrechentribunals in Den Haag verfasst werden. Zeugen hatten von

Quälereien, Vergewaltigungen und Tötungen in Sušica, aber auch in Vlasenica selbst berichtet, wo quasi öffentlich, unter Zustimmung oder Mithilfe der Bevölkerung in Spital, Polizeigebäude und Schule, die Verbrechen begangen worden waren, deren verräterische Spuren man kurz vor unserem Besuch getilgt hatte. Auch hier hatten sich Täter und Opfer gekannt, hatten als Kinder zusammen gespielt und waren befreundet geblieben bis zu dem Tag, als die Verbrechen einer relativ kleinen Gruppe den Sündenfall des kollektiven Brudermords auslösten und die Spirale von Gewalt und Rache in Gang setzten. Der nationale Hass war das Produkt und nicht die Ursache dieses Flächenbrands.

Die Erlebnisse in Bosnien und Kroatien empfand ich wie eine Abfolge von schockähnlichen Schlägen, die meine bisherige Sicht auf die Dinge erschütterten. Entgegen meines Lektürewissens über Geschichte, Politik, Psychologie war auch für mich die Möglichkeit, dass Krieg hier und heute bei uns – «bei uns» hieß im weitesten Sinn: in Europa – ausbrechen könnte, eine zwar theoretische, aber unrealistische Vorstellung geblieben. Ich lebte in einer Art Grundvertrauen in die mich umgebende Welt, und nun wurde mir mit beinahe physischer Wucht bewusst, dass die Decke der Zivilisation dünn und brüchig ist. Dieselben Leute, mit denen ich zu Hause vor der Migros-Kasse in der Schlange gestanden oder im Sommer am See Fußball gespielt hatte, stiegen am Freitagabend beim Hauptbahnhof Zürich in Cars und reisten in ihre bosnischen Dörfer, um sich an Plünderungen und Tötungen zu beteiligen und eine Woche später wieder auf der Baustelle oder im Restaurant in Zürich-Oerlikon zu arbeiten. Sie taten es nicht aus ideologischen oder krankhaften Motiven, sondern weil sich die Gelegenheit dazu bot. Und sie sahen nicht anders aus als wir, als alle anderen.

Von da an misstraute ich noch mehr als zuvor theoretischen Allgemeindeutungen. Die historischen, politischen und ökonomischen Erklärungsversuche wirkten abgehoben und geschwätzig angesichts der schwarzen Empirie epidemischer Grausamkeit. In den Deutungen kamen die Konfliktgegner nur als willenlose Agenten struktureller gesellschaftlicher Prozesse, irregeleiteter Bewusstseinszustände oder höherer Politinteressen vor. Aber die Realität zeigte, dass es keinen teuflischen Generalstab brauchte, der Massenvergewaltigung als geheime Kriegstaktik befahl, wie dies in westlichen Medien berichtet wurde. Auf diese Idee kamen die Burschen der Dorfmilizen von allein. Die Leichtigkeit und Freiwilligkeit, mit der sich gesellige Kaffeehauskumpane in unbarmherzige Menschenjäger verwandelten, war jedoch außer bei einem harten Kern treuer Freudianer und einigen melancholischen Romanciers kein Thema in den Analysen der Experten. Sie zogen die Möglichkeit, dass Menschen mit einer genuinen Neigung zum Bösen ausgestattet und durch den Zustand der Gesetzlosigkeit förmlich beflügelt werden könnten, nicht einmal in Betracht.

Äußere Umstände spielen bei Handlungen selbstverständlich eine wichtige Rolle. Sie sind der Rahmen, der dem Einzelnen den Reaktionsspielraum offen lässt. Aber sie sind nicht die Ursache der Handlungen, und sie liefern letztlich keine Erklärung für die Entscheidung zu einer Handlung. Die siebenundzwanzigjährige Habiba erzählte mir, wie sie mit ihren zwei Kindern im nordbosnischen Lager Trnopolje gelandet war, nachdem die Serben sie und ihre Familie aus dem Dorf vertrieben hatten. Regelmäßig suchten sich die Milizen die hübschesten Mädchen im Lager aus, um sie zu vergewaltigen und anschließend manchmal auch zu töten. Als in einer dieser Nächte zwei Uniformierte vor Habiba und ihrer jüngeren Freundin auftauchen, geraten die Männer miteinander in Streit. Jeder will die Freundin haben. Schließlich setzt sich der eine durch und nimmt die Frau mit in die Büsche. Er ist ein ehemaliger Schulkollege. «Reiß die Bluse auf und zerzause dein Haar», flüstert er ihr zu, «die anderen müssen glauben, ich hätte dich vergewaltigt.» Sie wartet eine Weile, dann geht sie zurück zu Habiba, unversehrt.

Oder jener Offizier im Belgrader Ruhestand, ein Serbe, der hörte, dass sich in Banja Luka ein muslimischer Freund im Keller verstecke, während die serbische Soldateska auf der Suche nach Beute und Opfern Haus um Haus durchsuche: Der Mann holte seine Uniform aus dem Estrich, fuhr mit seinem Wagen nach Banja Luka, befreite den bleichen, abgemagerten Bekannten aus dem dunklen Loch und kehrte mit ihm in derselben Nacht zurück nach Belgrad, mehrere hundert Kilometer durch die bosnischen *killing fields*, vorbei an Dutzenden von Straßensperren mit betrunkenen, aufgepeitschten Soldaten, von denen sie sofort erschlagen worden wären, hätten sie gemerkt, wer da im Wagen saß. Die Geschichte erzählte mir der Gerettete, der gleich nach seiner Ankunft in Belgrad ins Büro des IKRK kam, um uns zu fragen, ob wir irgendetwas für die noch in seiner Heimatstadt ausharrenden Leute tun könnten.

Vergewaltigungen sind eine Begleitseuche aller Kriege, besonders der Bürgerkriege. Aber wieso bewahrte ausgerechnet dieser junge Serbe die ehemalige Schulkollegin vor dem Verbrechen? Warum verrät einer den Nachbarn, mit dem er immer ein gutes Verhältnis hatte, an die patrouillierenden Soldaten, während ein anderer den Freund unter Gefährdung des eigenen Lebens rettet? Warum nimmt der eine an der Plünderung des Nachbarhauses teil, während der andere das Familiengold versteckt, um es dem vertriebenen Eigentümer nach dem Krieg zurückzugeben? Alle sind in derselben Kultur und Zeit aufgewachsen, leben unter denselben Bedingungen, genießen dasselbe Essen, lieben dieselbe Art von Musik. Und trotzdem handeln sie in existentiellen Situationen vollkommen gegensätzlich. Oder das erwähnte serbische Paar, das am Fuß der kroatischen Papukberge in einem Schweinestall hauste: Dass die beiden überhaupt dort wohnen konnten, verdankten sie dem Nachbarn, einem fünfundsiebzigjährigen Kroaten, der mit den mittellos gewordenen Alten das Essen teilte, ihnen Decken und Haushaltsgeräte gab und beim Wiederaufbau des verwüsteten Hauses half. «Im Zweiten Weltkrieg bin ich bei den Partisanen gewesen», sagte der Serbe. «Dieser Nachbar war ein Ustascha, ein Faschist. Und jetzt schadet er mir schon wieder.» Er lachte. «Schau nur, wie ungeschickt er mir die Ziegel aufs Dach reicht.» – «Ich bin nur deswegen mit diesem Verrückten befreundet», flachste der Kroate zurück, «weil mir seine Schwester gefällt.» Warum haben die Alten ihre Freundschaft nie aufgekündigt, obwohl sie in zwei blutigen Kriegen in feindlichen Lagern standen?

Ob einer dem anderen beisteht oder ob er ihn erschlägt, ist nicht vorauszusagen oder rational herzuleiten. Die Alten verhielten sich konträr zur überwiegenden Mehrheit. Für den Belgrader Offizier gab es keinen vernünftigen Grund, sein Leben für einen Angehörigen des Feindes aufs Spiel zu setzen, von dem er nicht einmal wusste, ob er überhaupt noch lebte. Umgekehrt handelte «Jenki» zwar in einem Klima exaltierter Zustimmung seiner Volksgenossen, aber nichts und niemand hatte ihn gezwungen, Lagerkommandant von Sušica zu werden.

In allen Fällen war es ein autonomer Entscheid der Einzelnen, eine individuelle moralische Wahl, getroffen in jenem winzigen Spielraum der Freiheit, der sich zwischen der Ausgangssituation und der Handlung eröffnet und der die Conditio humana kennzeichnet. «Jenki», und mit ihm Hunderttausende andere, entschieden sich für das Böse, der Offizier wählte das Gute. Außer jenen wenigen, denen eine Pistole an den Kopf gehalten wurde, taten sie dies, weil sie es so wollten. Sie sind verantwortlich für ihre Taten: Die einen machten sich schuldig, der andere wurde ein stiller, unbekannter Held.

In jenen Tagen meinte der damalige schweizerische Verkehrsminister Adolf Ogi anlässlich eines Staatsbesuchs in Österreich, dass diejenigen, die sich jetzt in Jugoslawien «die Köpfe zerschlagen, zum Teil auch selber schuld» seien an ihrer Situation. Ogi, eine Frohnatur mit unverbildeter Intelligenz aus dem Berner Oberland, löste mit seiner Aussage, die er im Zusammenhang mit der Festsetzung von Hilfeleistungen an die Kriegsgeschädigten gemacht hatte, ein nationales Kommentargewitter aus, wobei sich alle einig waren, dass Ogi vollkommen danebengegriffen habe. Die humanitären Organisationen rangen nach Atem, es sei «eine ungeheure Aussage», während die Intellektuellen und Journalisten indigniert die Augen rollten und den unbedarft philosophierenden Bergler mit einem Sperrfeuer an Schulmeistereien eindeckten. Ogi hatte an ein Denkverbot gerührt.

Das Paradies auf Erden

Die Fokussierung auf die «objektiven» Umstände und die fast vollständige Nichtbeachtung der «menschlichen» Motive in den Analysen des Jugoslawienkriegs legten eines der noch vorhandenen Tabus der westlichen Gesellschaften bloß. Die Moderne ächtet die Gewalt und definiert sich als Gegenmodell zum Brutalismus des Mittelalters. Sie schaffte Faustrecht und Willkür ab zugunsten einer «gereinigten», einer durch den Staat monopolisierten, formalisierten, entkörperlichten Gewalt. Und sie stellte das kirchliche Dogma der Erbsünde und Erlösungsbedürftigkeit, welches die Privilegienherrschaft von Adel und Klerus absegnete, fundamental in Frage. Die Humannatur sei primär gutartig und unschuldig, verkündeten die radikalen Aufklärer des 18. Jahrhunderts und verwarfen mit der theologischen Idee einer angeborenen Bösartigkeit überhaupt den Begriff des Bösen und damit der persönlichen Schuldfähigkeit und des freien Willens. Das Böse sei keine eigenständige Kraft, sondern lediglich ein Irrtum, eine Folge von Vorurteilen, Aberglaube und Unwissen.

Dadurch luden die Denker Claude-Adrien Helvétius, Paul-Henri Thiry d'Holbach, Jean-Jacques Rousseau oder Julien Offray de La Mettrie das historische Ausnüchterungsprojekt der neuzeitlichen Vernunft mit einem neuen, innerweltlichen und kryptoreligiösen Heilsversprechen auf einen «ewigen Frieden» (Immanuel Kant) auf, der bis dahin dem Jenseits vorbehalten war, nun aber auf Erden aus dem Geist der Bildung erschaffen werden könne. Die Verheißung gewann mächtige Schubkraft, als sie im 19. Jahrhundert von den Sozialisten aufgegriffen und über die pädagogischen und professoralen Enklaven hinaus in die Werkstätten und Fabriken der entstehenden Industriestädte getragen wurde. Nicht nur die falschen Ideen stünden dem künftigen Arkadien im Weg, lautete die zum politischen Aktionsprogramm beschleunigte Hoffnung, sondern das falsche Sein, die falschen Besitzverhältnisse. Gäbe es kein Privateigentum mehr, gehörte alles allen, dann verschwänden Verbrechen und Krieg, und der wahre Mensch richte sich auf aus seiner verkrümmten Gestalt: ein arbeitsfreudiges, vernünftiges, solidarisches Gruppentier.

Alle folgenden Versuche, den neuen Menschen zu erschaffen, endeten bekanntlich in den Todeslagern der totalitären Regimes des 20. Jahrhunderts, in Gewaltorgien und Verbrechen ohnegleichen. Doch Schwärmereien lassen sich von keiner Realität beirren. Im selben Jahrhundert erhielt die Rousseausche Schäferidylle ihre vorläufig letzte Ausformung durch die Seelenlehre der Tiefenpsychologie. Paradox stand an deren Anfang die Psychoanalyse, ein sperriges, grüblerisches, hochspekulatives Theoriekonstrukt, das kaum Frohbotschaften zu verkünden hatte. Sigmund Freud zeichnete das Bild eines unruhigen, von Illusionen genarrten Menschen, ständig in Gefahr, zerrieben zu werden zwischen den unersättlichen Ansprüchen sexueller und destruktiver Triebe und der Unbarmherzigkeit eines strafenden Gewissens. Das Höchste, was Psychotherapie bewirken könne, sei die Umwandlung von «psychischem Elend in gemeines Unglück».

Freuds Nachfolger setzten sich über dessen anthropologischen Pessimismus hinweg und legten die Grundlagen für einen Therapiekult, der in der zweiten Hälfte des letzten

Jahrhunderts die reichen westlichen Gesellschaften eroberte. War der Utopismus bis anhin durch skeptische, konservative, realistische Denktraditionen in Schranken gehalten worden, wurde er nun erstmals zur dominanten geistig-kulturellen Strömung. Der Glaube an die Heilbarkeit des Bösen durch die magische Kraft der Sprechkur wuchs sich zur veritablen Weltanschauung aus und sickerte mitsamt dem Psychojargon in alle Milieus, sozialwissenschaftliche Disziplinen und Institutionen hinein. Nicht nur die individuellen, sondern auch die gesellschaftlichen und geopolitischen Probleme könnten therapiert werden – würden doch schließlich alle Staaten und Nationen und Religionen dasselbe Interesse an Wohlergehen und Frieden teilen wie die einzelnen Menschen. Und so wie einer nur aus bösen Umständen heraus selber böse werde, griffen auch staatliche oder zivilgesellschaftliche Akteure lediglich aufgrund historischer Traumata oder ökonomischer Benachteiligung zu Gewalt gegenüber anderen Staaten oder Gruppen.

Die richtige politische Antwort auf Konflikte, in die man Kriege bevorzugt umbenannt hat, sei die Diplomatie der ausgestreckten Hand, die Anerkennung aller Beteiligten als gleichwertige Partner, der Verzicht auf den Begriff Feind, auf Ultimaten und Kriegsandrohungen, die Vertiefung des Dialogs an Versöhnungsstätten wie dem Menschenrechtsrat der Uno, verstärkte Entwicklungshilfe. Die Menschheit sei eine einzige große, bunte Familie, und mit den diskursiven Mitteln der Gruppentherapie sollten zerstrittene Mitglieder an die Wurzeln ihres Problems, an ihren verletzten Stolz, ihre Defizite, Kränkungen, verdrängten Ängste herangeführt und zur pazifistischen Läuterung gebracht werden.

Nie zuvor hatte es das gegeben, dass eine ganze Kultur – zumindest eine Zeitlang – das Böse als Irrtum, als fehlgeleitetes Gutes, als reaktive Verhaltensweise, als Glaube für Kinder, Wilde oder Amerikaner, aber nicht als wesentlichen Faktor des menschlichen Seins beurteilt. In allen bekannten bisherigen Gesellschaften wurde das Böse als eigenständige Realität begriffen. Uralte Mythen erzählen davon, wie es in die Welt kam, die Legenden der Völker berichten von seiner vielgestaltigen Erscheinung, Religionen warnen vor den verheerenden Folgen für diejenigen, die sich mit ihm einlassen, die Philosophie definiert sein Wesen, und der Mensch gibt sich für den Alltag Regeln, um seine Zerstörungskraft zu kontrollieren.

Alle grundlegenden Erzählungen gehen vom selbstverständlichen Wissen aus, dass in der Fähigkeit zum Bösen die menschliche Freiheit begründet liegt, die ihn vom Tier unterscheidet, und dass das Böse letztlich ein Rätsel bleibt, eine «unbegreifliche Faktizität» (Søren Kierkegaard), eben weil es der Unwägbarkeit menschlicher Entscheidungen unterworfen ist.

In der Schlussszene von Roman Polanskis Film *Tanz der Vampire* lenkt der zerstreute Vampirjäger Professor Abronsius seine Pferdekutsche vom Vampirschloss in den Karpaten zurück in die Zivilisation, auf dem Rücksitz sein Assistent Alfred und in dessen Armen die aus den Fängen der Bluttrinker gerettete Sarah. Alfred, blind vor Liebe für die schöne Sarah, realisiert nicht, dass sie ebenfalls ein Vampir ist. Er schließt die Augen in Erwartung eines leidenschaftlichen Kusses, der sich als tödlicher Biss erweisen wird. Und also, so endet der Streifen, «konnte das Böse sich endlich über die ganze Welt ausbreiten». Eine ähnliche Alfredsche Unfähigkeit, Gefahren zu erkennen, zeichnet den Neoutopismus aus. Dessen Braut ist der befriedete Kosmopolit, tolerant, offen, wohlkalibriert, die Projektion eines idealisierten Lebensstils, in der sich die eitlen westlichen Eliten wie vor einem Spiegel selbst bewundern. Anzeichen dafür, dass die makellose Verfasstheit des geliebten Wunschobjekts rissig ist, werden übersehen, weggeredet oder als persönlicher Angriff empfunden. Der Überbringer der schlechten Nachrichten wird ignoriert oder in ein moralisches Zwielicht gerückt, indem man ihm unterstellt, jene düsteren Leidenschaften, von denen er berichtet, seien eine Phantasie seines eigenen überspannten Hirns.

Das Böse existiert allenfalls noch als Plot von Krimiautoren; als Thema amerikanischer Forensik-TV-Serien, die ebenso ästhetisch perfekt wie unrealistisch die Suche nach Massenmördern und Triebtätern durchspielen; auch als inszenatorisches Mittel hysterischer Opern- und Sprechtheater-Regisseure, die ihre künstlerische Leere und ihre Verachtung für das bürgerliche Publikum mit pubertären Schockattacken wie abgeschnittenen Köpfen, *dark-room*-Sadomasochismen, Theaterblutspritzereien kundtun. In der gesellschaftlichen Wirklichkeit hingegen wird die wärmende Illusion der Moderne durch eine solide Wahrnehmungsverweigerung geschützt. Wird der intrinsische Charakter des Bösen negiert, erkennt man es auch nicht mehr, wenn es direkt vor einem steht.

Todes-
engel

Vor einigen Jahren musste sich der Krankenpfleger Roger Andermatt vor dem Luzerner Kriminalgericht verantworten. Zwischen 1995 und 2001 hatte er mindestens vierundzwanzig Insassen in verschiedenen Seniorenheimen umgebracht. Er erstickte sie mit einem Frotteetuch oder einem Plastiksack oder verabreichte ihnen eine letale Dosis Beruhigungsmittel, oder er applizierte eine Kombination von beidem. Aufgeflogen war sein Tun, weil er in immer kürzeren Abständen tötete und die hohe Sterberate während seiner Dienstzeiten auffiel. Ein psychiatrisches Gutachten folgerte aus der Tatsache, dass Andermatt in seiner Freizeit als DJ arbeite, zwar messerscharf, dass er gern im Mittelpunkt stehe, also einen leicht narzisstischen Einschlag habe. Wie dies jedoch mit den Tötungen zusammenhängen sollte, blieb ungeklärt, und ansonsten attestierte es ihm volle Zurechnungsfähigkeit. Seine ehemaligen Kolleginnen und Kollegen schilderten ihn als fröhlich, hilfsbereit und beliebt, und auch Andermatts eigene Erklärungen gaben keine Hinweise auf irgendwelche abnormen oder monströsen Persönlichkeitsmerkmale des jugendlich wirkenden Sechsunddreißigjährigen.

Er habe aus Mitleid getötet, erzählte er den Richtern, manchmal aber auch aus Rache, wenn eine der Alten ihm «auf den Wecker gegangen» sei. Angefangen habe es damit, dass er «einfach mal so die Idee» hatte, ein Tuch über das Gesicht einer Patientin zu legen. Er redete von seiner häufigen Überforderung im Beruf, von seiner Freundin, die ihn

immer wieder aufgemuntert habe, von seinen stressbeding-
ten Migräneanfällen, von seinem Stiefvater, dem er beweisen
wollte, dass er kein Versager sei, von seiner Angst, im Team
über seine Überforderung zu reden, von seinem schlechten
Gewissen. Er erwähnte aber auch, dass er jeden Mord als Befreiungsschlag empfunden habe, und die befragten Zeugen
aus dem Heim erinnerten sich, dass er jeweils pfeifend aus
dem Zimmer der Opfer kam. Heute wisse er, sagte er in seinem Schlusswort, dass es falsch gewesen sei, was er gemacht
habe. Er habe sich die Freiheit genommen, «Gott zu spielen».

Dass sich Pfleger in Todesengel verwandeln können, ist
ein bekanntes Phänomen. Wenige Jahre vor dem Fall Andermatt wurde derjenige der vier Krankenschwestern publik,
die in einem Wiener Krankenhaus Dutzende Patienten umgebracht hatten. Wie Andermatt ließen sie sich anfänglich
zwischen den Taten Zeit, um mit wachsender Enthemmung
und Erfahrung immer häufiger tödliche Dosen Rohypnol
oder Insulin zu spritzen oder den Patienten zu ertränken,
indem sie ihn festhielten, seine Zunge mit einem Spachtel fi-
xierten und Wasser einflößten, das direkt in die Lunge ge-
langte. «Mundpflege», nannten sie diese Behandlung untereinander. Oder der junge Krankenpfleger Stephan Letter aus
Sonthofen: 2004 wurde er angeklagt wegen serieller Tötungen von mindestens neunundzwanzig Pfleglingen durch
Gift. Eine Frau hatte er umgebracht, als deren Familie das
Krankenzimmer gerade verlassen hatte. Danach tröstete er
die weinende Tochter. «Sie müssen sich keine Vorwürfe machen, weil Sie gegangen sind und Ihre Mutter alleine gestor-
ben ist.» Alle Todespfleger waren geschätzt in ihren Teams,
begingen ihre Verbrechen kaltblütig und zunehmend dreister, nachdem sie die rote Linie einmal überschritten hatten,
und behaupteten später, aus Mitleid und Barmherzigkeit ge-

tötet zu haben. Und wie jedes Mal, wenn plötzlich Grausamkeit und Gewalt einzelner Menschen die scheinbar sichere Ordnung erschüttern, setzte in der Öffentlichkeit eine hektische Deutungsarbeit ein, die vor allem den Sinn hatte, das erschütterte Vertrauen in die Vorhersehbarkeit der Dinge und die Verlässlichkeit der Mitmenschen wiederherzustellen. Wenn normale, intelligente, ersichtlich nicht geisteskranke Menschen solche Untaten begehen können, so die selbstverständliche Annahme, müssen sie unter großen äußeren wie inneren Belastungen gelitten haben.

Fast dankbar griffen die Medien die rührseligen Versionen der Angeklagten auf, um daraus eine Anklage gegen die in ihren Augen wirklichen Schuldigen zu drechseln. Fälle wie Andermatt, wusste die *NZZ am Sonntag* vom 23. 1. 2005, wo «gestresste Pflegende keinen anderen Ausweg mehr sehen, als die Menschen umzubringen, mit denen sie alleine gelassen sind, häufen sich seit den siebziger Jahren». Denn in den zunehmend seelenlosen Altersheimen und Spitalunternehmen hätten sie «das Gefühl, von ihrem Vorgesetzten und der Gesellschaft im Stich gelassen zu werden, am Ende der Hierarchie zu stehen». Oder, so die rhetorische Frage: «Warum konnte der ‹Todespfleger› mit niemandem in seinem Betrieb über seine Probleme sprechen?» Auch der *Tages-Anzeiger* vom 22. 1. 2005 beugte sich voller therapeutischer Empathie über den vierundzwanzigfachen Mörder. Andermatt «sei, sagte er vor Gericht, unerfahren gewesen im Umgang mit Worten. In einem Team habe er sich zudem nicht wohl gefühlt. Vielleicht hat ihm auch das Vertrauen in die Vorgesetzten gefehlt.» Hätte eine gute institutionelle «Gesprächskultur» existiert, behauptete das Blatt, «wäre es nicht so weit gekommen». Aber dies koste eben «Zeit und Geld», was auch den «Sparpolitikern» unterdessen klargeworden sein sollte.

Bei der Berliner Krankenschwester Irene Becker, die 2007 wegen der nachweisbaren Tötung von fünf schwerkranken Patienten verurteilt wurde, fanden sich keine der üblichen Schuldrelativierungen. Seit fünfunddreißig Jahren im Beruf, war sie als erfahrene Fachfrau den Umgang mit Todkranken gewohnt und weder überfordert noch gehetzt. Ehemalige Mitarbeitende aus der Berliner Charité erzählten vor Gericht, dass Becker bei der Arbeit «pfiff und sang», sie genoss das volle Vertrauen der ärztlichen Vorgesetzten, und Nachbarn und Kolleginnen schilderten sie als einfühlsam und hilfsbereit. Warum also tötete die Frau? Die Berliner Wochenzeitung *Freitag* (6. 7. 2007) hielt sich nicht lange mit diesem Rätsel auf, sondern zeigte mit dem Finger umso energischer auf das Krankenhaus. Dieser Gerichtsprozess könne auch «als vernichtendes Urteil über die Klinik» gelesen werden, beschied die Kommentatorin, hätten doch die «Kontrollmechanismen kläglich versagt». Und düster raunend wurden noch mächtigere Verursacher angedeutet. Die «Republik» beispielsweise, in der «vielleicht noch viel mehr weggesehen und beschwiegen wird». Oder das «gesellschaftliche Klima», in dem «Leben und Würde in eine eigenartige Konkurrenz geraten sind». Schließlich habe sich Krankenschwester Becker selber damit gerechtfertigt, sie habe zum Wohl von Patienten gehandelt, die «ihre Würde verloren hatten».

Keine der Analysen und Kommentare stellte die Frage, ob die Tötungen auch aus Lust am Töten heraus begangen worden sein könnten. Nicht aus einer beruflichen Stresssituation, nicht aus einem übersteigerten Mitleid, nicht aus irgendwelchen narzisstischen Kränkungen heraus. Sondern aus dem Gefühl der Allmacht, aus dem Rausch der Megalomanie, den jemand genießen mag, wenn er darüber entscheidet, ob er das ahnungslose Opfer mit einer Überdosis Beruhigungsmitteln sanft aus dieser Welt schafft, oder eher auf die grobe Art, indem er ihm ein Tuch aufs Gesicht presst, bis es nicht mehr zappelt. Der munter pfeifende Andermatt gab selber einen Hinweis darauf. Vielleicht hatte er sich den Satz, er habe «Gott gespielt», irgendwo angelesen, aber die Aussage, er habe jede Tötung wie einen «Befreiungsschlag» empfunden, klang irritierend wahrhaftig. Diese Bemerkungen wurden nicht weiter beachtet, stattdessen hielt man sich an jene Aussagen, in denen die schwarzen Engel sich selber als Opfer darstellten.

Es braucht einen starken Willen zur Gutgläubigkeit, um jemandem die Erklärung abzunehmen, er habe aus beruflicher «Überforderung» oder weil er vor dem Stiefvater nicht als Versager dastehen wollte, serielle Tötungen vollstreckt. Dies ahnten auch die Kommentatoren, weshalb sie zusätzliche Gründe aufzubieten versuchten, von denen die Angeklagten selber gar nie geredet hatten, wie zum Beispiel den Umstand, auf «der untersten Hierarchiestufe» arbeiten zu müssen. Nun wird aber nicht nur von untergeordnetem, frustriertem, vergeblich nach «Aufmerksamkeit und Dankbarkeit» suchendem Klinikpersonal der Pflegeauftrag ins Gegenteil verkehrt. Weltweit wurden in den letzten fünfzig Jahren mindestens einunddreißig Spitalangehörige wegen Mord und Totschlag an Patienten verurteilt, wie eine Recherche unlängst ergab. Unter den Verurteilten war auch eine Reihe von Ärztinnen und Ärzten. Die Versuchung zur Gottähnlichkeit, die Verlockung, den anderen zu erniedrigen oder gar auszulöschen, um die Schrankenlosigkeit der eigenen Macht auszukosten, ist nicht das exklusive Problem des Underdog, der auf Rache sinnt für seine Machtlosigkeit. Sie ist Teil der allgemeinen menschlichen Situation, die jeden Einzelnen immer wieder vor die moralische Wahl stellt, zwischen der Maßlosigkeit seiner Begehren und den Forderungen der Zivilisation zu entscheiden.

«Warum schlagt ihr die Gefangenen? Sie sind ja eingesperrt und können niemandem mehr etwas antun», fragte ich vor einigen Jahren einen Gefängnisaufseher im liberianischen Monrovia. Es war die Endzeit des Schreckensregimes von Kriegsfürst Charles Taylor. Dessen Männer durchstreiften mit ihren Wagen die Stadt, verhafteten willkürlich Leute und begannen, sie fürchterlich zu verprügeln, immer wieder, manchmal alle drei Stunden, manchmal mitten in der Nacht, über Tage hinweg, ohne Anklage, ohne speziellen Anlass, betrunken, nüchtern, aus einer Laune heraus. Nur wenige verließen lebend die Gefängnisse. Der Aufseher schaute mich für einen kurzen Moment erstaunt an, als ob er es mit einem besonders begriffsstutzigen Zeitgenossen zu tun hätte, bevor er antwortete. «Warum, warum. Weil es Gefangene sind.» Es war die verblüffendste, lapidarste Erklärung, die ich zu diesem Thema je gehört habe, und sie leuchtete mir unmittelbar ein.

Zu diesem Zeitpunkt hatte Liberia weder eine Justiz noch einen Staat, der diesen Namen verdient hätte, es gab nur Taylors bewaffnete Banden. Niemand setzte sich für die Gefangenen ein, die Verwandten wagten nicht einmal, sich nach deren Verbleib zu erkundigen, aus Angst, ebenfalls verschleppt zu werden. Sobald sie hinter den Mauern eines der Gebäude verschwanden, von denen die Leute nur im Flüsterton sprachen, verloren sie ihre Namen, ihre Rechte, sie hörten auf zu existieren. Sie wurden zum Nichts, und die Aufseher waren alles. Diese brauchten keinen Vorwand, keine verhörtechnische Begründung, keinen erfundenen Verratsvorwurf, um ihr Handeln zu rechtfertigen. Sie hatten die absolute Verfügungsmacht und nichts zu befürchten. Wie unter Drogen schlugen sie drauflos, befeuert von der Todesangst ihrer Opfer, euphorisiert von deren Wimmern, besoffen von der eigenen Wirkung und der aufkochenden Wut. Ihre Gewalt war «nicht persönlich» gemeint, war weder Reaktion auf etwas noch Mittel eines zugrundeliegenden Zwecks. Sie diente einzig dem ozeanischen Hochgefühl des entgrenzten Schlägers, der sein Interesse am Opfer verliert, sobald es stirbt oder sobald sein Rausch abklingt.

Willige
Vollstrecker

Anfang der sechziger Jahre des letzten Jahrhunderts führte der Universitätspsychologe Stanley Milgram in New Haven, Connecticut, ein weltberühmt gewordenes sozialpsychologisches Experiment durch. Unter dem Vorwand, den Zusammenhang von Bestrafung und Lernerfolg zu erforschen, wies Milgram seine «Lehrer» an, per Inserat gefundene freiwillige Teilnehmer, ihre erwachsenen «Schüler» – vermeintlich ebenfalls freiwillige Probanden – mit Stromschlägen zu bestrafen, sollten diese die ihnen gestellten Fragen falsch beantworten. Bei jeder weiteren falschen Antwort würden die Stromschläge um jeweils fünfzehn Volt erhöht. Bei hundertzwanzig Volt begann der «Schüler» zu schreien, bei hundertfünfzig Volt bat er, vom Stuhl losgebunden zu werden, weil er die Schmerzen nicht mehr ertrage, bei zweihundert Volt stieß er Schreie aus, die das «Blut in den Adern gefrieren ließen», ab dreihundertdreißig Volt trat Stille ein. Alle «Lehrer» seien aufgewühlt gewesen, beobachtete Milgram, hätten Gewissensbisse gehabt, und ein Drittel habe beim Strafen ein «nervöses Lachen» von sich gegeben. Der ehemalige Versuchsleiter Steven Schwartz berichtete später in seinem Buch *Wie Pawlow auf den Hund kam* von einem «Lehrer», einem lächelnden, selbstsicheren Geschäftsmann, der sich innerhalb von zwanzig Minuten in ein «zuckendes, stotterndes, händeringendes Wrack» verwandelt habe. «An einem Punkt schlug er mit der Faust gegen die Stirn und murmelte: ‹O Gott, lass uns aufhören.› Und doch reagierte er weiterhin auf jedes Wort des Versuchsleiters und gehorchte bis zum Schluss.»

Es war den «Lehrern» ausdrücklich erlaubt, den Test jederzeit abzubrechen, sollten sie Probleme damit bekommen. Die Versuchsleiter übten keinen Druck aus, sie forderten Widerstrebende lediglich in ruhigem Ton auf, fortzufahren und das Experiment nicht zu gefährden, der Forscher übernehme die Verantwortung. Zwei Drittel der «Lehrer», die für ihre Teilnahme vier Dollar plus fünfzig Cents für die Fahrkosten erhielten, verabreichten Schocks bis zur tödlichen Dosis von vierhundertfünfzig Volt.

Was die «Lehrer» nicht wussten: Milgram hatte den Versuch wie ein Theaterstück inszeniert. Es war kein Strom geflossen, die «Schüler» waren eingeweihte Schauspieler und ihre Schreie gespielt. Milgram wollte herausfinden, ob durchschnittliche Amerikaner ebenso leicht Autoritäten gehorchen würden wie die Deutschen. Damals galt noch allgemein die Ansicht, das mörderische Hitlersystem sei ein historischer Sonderfall gewesen, nur möglich dank der stark ausgeprägten Obrigkeitshörigkeit des deutschen Volkes. Milgram spielte sein Experiment in neunzehn leicht unterschiedlichen Varianten durch. Je abstrakter und anonymer der Schüler – weder Sicht- noch Hörkontakt –, desto zahlreicher die Lehrerentscheide für den tödlichen Stromstoß; war andererseits der Versuchsleiter abwesend, sank der Wille zur Bestrafung um zwei Drittel. Frauen reagierten genauso wie Männer, und spätere Experimente in anderen Ländern lieferten die gleichen Resultate. Weder Milgram selbst noch seine Kollegen hatten ein solches Ergebnis erwartet. Offenbar unabhängig von der Herkunft existiere eine «extreme Bereitschaft erwachsener Menschen, einer Autorität fast beliebig zu folgen», bilanzierte Milgram erstaunt.

Im Jahr des Milgram-Experiments, 1961, verfolgte die Philosophin Hannah Arendt im Auftrag der Zeitschrift *New Yorker* den Prozess des Staates Israel gegen Adolf Eichmann. Ihre Prozesskorrespondenz erschien zwei Jahre später als Buchessay unter dem Titel *Eichmann in Jerusalem. Ein Bericht von der Banalität des Bösen.* Hitlers Organisator der Judenvernichtung, vom israelischen Geheimdienst in Argentinien aufgespürt, präsentierte sich den Richtern und der Welt als pflichtbewusster Staatsdiener, der nur auf Befehl der Vorgesetzten aktiv geworden sei, als eigenschaftsloser, gehorsamer Bürokrat ohne Befugnis oder Möglichkeit, die Dinge zu beeinflussen, selbst wenn er es gewollt hätte. Dies war es, was Arendt erschreckte. Der Logistikchef des Völkermords war offensichtlich kein diabolischer Ideologe, kein sadistisches Ungeheuer, sondern eine mediokre, zunächst gescheiterte Existenz, die später bei den Nazis einen Halt und eine Aufgabe fand, ein Feigling, Opportunist und Wichtigtuer, ein «Hanswurst», wie Arendt verächtlich notierte. So wie er waren unzählige andere, er entsprach aufs Beunruhigendste der Normalität. Eichmann verkörpere, dies ihr berühmtes Diktum, die Banalität des Bösen.

Milgram sah sich durch Arendt bestätigt. Ihr Befund, schrieb er, komme «der Wahrheit sehr nahe». Beide führten das Verhalten ihrer Studienobjekte auf eine tiefsitzende Autoritätshörigkeit zurück, auf einen inneren Zwang, Befehlen von Vorgesetzten gehorchen zu müssen, ein Zwang, der stärker ist als jede Regung von Mitgefühl oder das Empfinden von Unrecht – eine These, die bald sehr populär werden sollte. Aufgegriffen Ende der sechziger Jahre von der akademischen Jugend, lieferte sie eine moralische Absolution für den Aufstand gegen Professorenautorität, Universitätshierarchie, staatliche Ordnung, gegen das Prinzip Autorität überhaupt. Nazischergen, Turnlehrer, südamerikanische Folter-militärs, Hausabwarte, strenge Väter, amerikanische Solda-ten in Vietnam, Polizeibeamte – sie alle stünden unter dem Bann desselben archaischen Herrschaftsaxioms. Nur eine pädagogische und kulturelle Umwälzung vermöge die fatale Verzahnung von autoritärem Sozialcharakter und gesell-schaftlicher Unterdrückung aufzubrechen und künftiges Unheil zu verhindern. Die anfänglich auf radikale Studen-tenzirkel beschränkte Überzeugung wurde in erstaunlich kurzer Zeit zur selbstverständlichen Auffassung der gesell-schaftlichen Eliten.

Doch Milgrams Deutung des Versuchs ist unbefriedigend. Es überzeugt nicht, dass der «O Gott» stöhnende Geschäfts-mann zerrissen gewesen sei zwischen seinem Eifer, dem wis-senschaftlichen Leiter zu gehorchen, und dem moralischen Gebot, die Leiden eines Wehrlosen zu beenden. Der «Leh-rer» tat freiwillig mit, er verdiente praktisch kein Geld dabei, und er hatte bei einem Abbruch des Experiments keinerlei Sanktionen zu befürchten. Eine näherliegende Erklärung ist, dass sein Konflikt ein anderer war: Der Geschäftsmann realisierte, dass er Gefallen fand an seiner Tätigkeit, an sei-ner Position am Stromhebel, am Schreien des «Schülers». Er wusste, dass es verachtenswert war, aber er hörte trotzdem nicht auf. Nicht aus Angst vor der Unzufriedenheit des Ver-suchsleiters, sondern weil die Lust, den «Schüler» zu be-strafen und zu dominieren, stärker war als seine Moral. Die Aufforderungen des Leiters weiterzumachen, milderten ein wenig die Gewissensbisse, aber sie hoben sie nicht auf. Sie berührten nicht das Zentrum des quälenden Unbehagens. Der Versuch hatte Fähigkeiten freigelegt, von denen der Ge-schäftsmann eigentlich nichts wissen wollte, und er konnte sie nicht mehr kontrollieren. Dies war der eigentliche Konflikt: Sein moralisches Selbstbild, seine Integrität wurde durch die in ihm geweckte Kraft des Bösen bedroht.

Aber auch Hanna Arendts legendäre Prozessbilanz ist fragwürdig. Es stimmt, dass Eichmann ein unerträglich jämmerlicher Mensch war. Aber er war nicht das willenlose Rädchen, die beliebig einsetzbare Kreatur der Maschine, als die er sich darzustellen versuchte. Eichmann war ein eifriger Judenhasser und Judenjäger, ein innovativer Kadermann, der innerhalb des deutschen Vernichtungsstaats bewusst seine Karriere vorantrieb. Er intrigierte gegen Kollegen, prahlte mit Erfolgen, leckte proaktiv die Stiefel seiner Vorgesetzten. Als der Krieg faktisch schon verloren war, organisierte und überwachte er noch persönlich die Ausrottung der ungarischen Juden, der letzten intakten jüdischen Gemeinschaft Europas. «Ich war kein normaler Befehlsempfänger», hatte er selber dem ehemaligen ss-Offizier Willem Sassen im argentinischen Exil anvertraut, «dann wäre ich ein Trottel gewesen, sondern ich habe mitgedacht, ich war ein Idealist gewesen.» (In: Irmtrud Wojak, *Eichmanns Memoiren. Ein kritischer Essay*, Frankfurt a. M. 2001, S. 195.)

Obwohl die kluge Arendt mit Kant wusste, dass der wirklich «faule Fleck» des Menschen «die Verlogenheit» sei, das Vermögen, sich selbst und andere zu belügen, waren sie und ihre Leser auf die Prozessstrategie Eichmanns hereingefallen. Dieser hatte wie jeder Angeklagte, ob kleiner Dieb, Todespfleger oder Massenmörder, versucht, seine Verantwortung verschwindend klein- und seine Motive möglichst schönzureden. Um seinen Kopf oder zumindest einen minimalen Rest Ehre zu retten, zeichnete er sich als ein Nichts — ein Nichts kann nicht schuldig sein. Aber gerade die grotesken und lächerlichen Lügengeschichten, die er zu seiner Verteidigung auftischte, waren ein Beweis dafür, dass er wusste, was er getan hatte, und gleichzeitig waren sie ein nachträglicher, perverser Tribut an die Existenz des Guten, das in der Welt der Nazis für ein Zeitlang verschwunden war, aber nicht gänzlich ausgelöscht werden konnte.

Beide, Milgram und Arendt, gingen von einem zu passiven Konzept des Menschen aus. Sie bewerteten die Macht des äußeren Einflusses, des Befehls sehr hoch, und sie unterschätzten die aktive Rolle der Befehlsempfänger. Jeder Soldat, jeder Untergebene kennt hundert Arten, einen Befehl scheinbar auszuführen, in Wirklichkeit aber zu unterlaufen, zu vertrödeln, zu verwässern, unwirksam zu machen. Überdies ist ein Befehl oft mehr als ein Mittel, den anderen einem fremden Willen zu unterwerfen. Er kann für den Empfänger eine Befreiung sein, eine Erlaubnis zum Ausleben sadistischer Gelüste und Machtphantasien. Die Milgram-Freiwilligen waren darüber informiert worden, dass sie den an einem Stuhl festgeschnallten «Schüler» mit Stromschlägen traktieren müssten. Sie haben nicht trotzdem mitgemacht, sondern deswegen. Warum sollten sie sonst an einem derart offensichtlich unmenschlichen Experiment teilnehmen?

Beinahe die Hälfte der sechs Millionen im Dritten Reich ermordeten Juden wurde nicht durch die arbeitsteilige, kalte, bürokratische Tötungsindustrie registriert, abtransportiert und in Gaskammern vergiftet, sondern mit Knüppeln erschlagen, in Ghettos gepfercht oder in die Wälder getrieben und erschossen, mit Zwangsarbeit zu Tode geschunden, systematisch ausgehungert. Das Engagement der Mörder ging regelmäßig weit über die im Befehl enthaltenen Anweisungen hinaus. In der Nacht auf den 2. Februar 1945, kurz vor Kriegsende, gelang rund fünfhundert Häftlingen des Konzentrationslagers Mauthausen in Österreich die Flucht aus dem sogenannten Todesblock. Während einige der ausgemergelten Gestalten bereits nach wenigen Metern vor Schwäche zusammenbrachen, versteckten sich andere in Höfen, Ställen und den umliegenden Wäldern. An der drei Wochen dauernden «Mühlviertel Hasenjagd», wie die Hatz auf die Entflohenen von der ss genannt wurde – Parole: «Niemanden lebend ins Lager zurückbringen» –, beteiligten sich auch sa, Hitlerjugend, Gendarmerie, Feuerwehr, Wehrmacht, Volkssturm und große Teile der lokalen Bevölkerung, Bauern, Metzger, Ladenbesitzer, Beamte.

In einem Bericht, der nach dem Krieg erstellt wurde, heißt es unter anderem: «Die Bäuerin hörte ein Geräusch in der Futtervorratskammer. Sie holte ihren Mann, der einen Flüchtling aus dem Versteck hervorholte. Der Bauer stach diesem armen Mann mit seinem Taschenmesser in den Hals, dass das Blut spritzte. Die Frau sprang hinzu und versetzte dem Sterbenden noch eine Ohrfeige.» Als drei Monate später amerikanische Truppen die Gegend und das kz befreiten, waren von den fünfhundert Geflüchteten noch elf am Leben. Sie verdankten ihr Leben einzelnen Helfern, die Kartoffeln oder Milch vor die Tür gestellt oder Kleider an der Wäscheleine aufgehängt hatten. Die weggeschaut hatten, wenn ein Häftling vor die Flinte kam, oder gar unter Todesgefahr einen Gesuchten versteckten. Die Helfer waren eine winzige Minderheit, aber sie führen vor, dass Befehle so viel Macht haben, wie die Adressaten ihnen einzuräumen bereit sind.

Höflich, nett und tödlich

Im schwäbischen Eislingen betraten im Frühjahr 2009 der achtzehnjährige Gymnasiast Andreas Häussler und sein Freund Frederik Begenat, neunzehn, das Zimmer der beiden Schwestern von Andreas, Pädagogikstudentinnen, zweiundzwanzig und vierundzwanzig, und erschossen sie mit einer Kleinkaliber-Pistole aus nächster Nähe. Danach begaben sie sich in die Gaststätte, wo Häusslers Eltern saßen, tranken mit ihnen ein Bier, plauderten ein wenig, gingen wieder zurück ins Haus und warteten. Als die Eltern kamen, töteten sie auch diese, acht Schüsse für den Vater, drei für die Mutter. Anschließend vergruben sie die Pistolen im Wald und übernachteten bei Frederik, der ebenfalls noch zu Hause wohnte. Am Mittag des folgenden Tages, ein Karfreitag, «entdeckte» Andreas die Leichen seiner Angehörigen und benachrichtigte scheinbar aufgelöst und heulend die Polizei. Während der Ermittlungen verwickelten sich die Burschen in Widersprüche, und ihr Lügengebäude brach bald zusammen.

Die Eislinger waren fassungslos, ebenso wie das nationale Medienpublikum. Andreas, im Ort beliebt wegen seiner positiven Ausstrahlung, ein «Gute-Laune-Bär», und der eher zurückhaltende Frederik engagierten sich beide in der kirchlichen Jugendarbeit, waren Mitglieder der lokalen Schützengilde, und Andreas hatte mit einem anderen Freund den Jakobsweg abgewandert. Sie stammten aus intakten Familien, Andreas' Vater war Heilpraktiker, im Gemeindeleben aktiv, die Mutter Englischlehrerin, die Schwestern hatten feste Freunde. Allerdings kam jetzt heraus, dass die Burschen ein Doppelleben geführt hatten. Seit zwei Jahren verübten sie Einbrüche in Vereinshäuser, Einkaufsläden, Schulhäuser und auch ins Schützenhaus, wo sie die Waffen erbeuteten, mit denen die Häusslers ausgelöscht werden sollten.

«Warum?», fragte die Zeitschrift *stern*. «Warum ausgerechnet die Häusslers, die so nett waren, so höflich, so perfekt?» Diese Frage war nicht ernst gemeint, sondern die Einstimmung auf eine Antwort, die schon feststand, als die Journalisten des Blatts vor Ort auf sogenannte «Spurensuche» gingen, um sich mit handverlesenen Aussagen von Mitschülern, Nachbarn, Vereinskollegen ihr Weltbild bestätigen zu lassen. Wer so etwas Schreckliches tun konnte, wie die eigene Familie zu ermorden, muss selber Schreckliches erlebt haben. Und das Schreckliche war eben gerade die nette, höfliche, perfekte Familie selbst, verkörpert in der Person des Vaters Häussler, wie nicht nur der *stern* insinuierte. Der Mann entsprach scheinbar dem Täterprofil der aufgeklärten Meinungseliten und blieb in ihrem Netz der kulturellen Rasterfahndung hängen.

Er sei Mitglied der konservativen CDU gewesen, enthüllten die Journalisten, aktiver Kirchgänger, seine Kinder wuchsen ohne Fernseher, Computer, Süßigkeiten auf, McDonald's-Besuche standen nicht auf dem Programm. Nicht genug damit, so die als familientherapeutische Empathie getarnte Denunziation, habe man während der Mittagszeit zwischen 12 und 13.30 Uhr nicht bei Häusslers anrufen dürfen, einmal habe der Mann gar die Frau angebrüllt, weil sie nicht das richtige Essen gekocht habe, und zudem habe er den Sohn zum Besuch des Fitnessstudios zweimal pro Woche und die Familie zum Wandern gezwungen, jedes Mitglied nur mit einer «Wasserflasche und einem Apfel» ausgerüstet, was einmal zu einem Kollaps der Ehefrau geführt habe. In der Öffentlichkeit «dem Herrn zum Wohlgefallen, den Nachbarn ein Vorbild», tatsächlich aber ein «wilder Choleriker», der seine Familie dem Terror der Sekundärtugenden unterworfen habe, so das hinterhältig raunende Urteil des Magazins. «Verzweifelte der Sohn an den Zwängen?», doppelte *Bild* scheinheilig nach.

Abgesehen davon, dass die aufgelisteten «Vergehen» eher auf einen Menschen hinwiesen, der seine Verantwortung als Familienvater ernst nahm, und mitnichten auf einen rücksichtslosen Tyrannen, der seine Ermordung geradezu herausgefordert hätte, beschrieb niemand aus Eislingen den jungen Häussler als einen eingeschüchterten, unter einem dominanten Vater leidenden Jugendlichen. Andreas futterte trotz Verbot Hamburger bei McDonald's, spielte heimlich am eigenen Computer «Ballerspiele», drückte sich um Familienanlässe. Freund Frederik bewunderte dessen «Selbstvertrauen, Beliebtheit, Unternehmungsgeist», der Gerichtspsychiater konnte keine «krankhafte Störung» ausmachen und bescheinigte ihm, «voll schuldfähig» zu sein. «Warum die Familie Häussler sterben musste, wissen nur sie [Andreas und Frederik]. Wenn überhaupt.» Mit diesen Worten endete der *stern*-Report, nachdem er über Seiten hinweg das kleinbürgerlich-patriarchale Milieu als Urgrund des Unheils suggeriert und alle Hinweise auf eine primäre Schuld der beiden jungen Männer mit schlafwandlerischer Sicherheit vermieden hatte.

Verfolgt man jedoch nüchtern die Spur des Handelns, wird ein gemeines Verbrechen sichtbar. Es war keine Tötung aus Affekt, begangen von einem gedemütigten Jugendlichen, der sich in einer unkontrollierbaren Aufwallung von Wut gegen den Vater erhob. Bestimmt hatte Andreas Konflikte mit seinem Vater, alles andere wäre nicht normal gewesen, aber die Forderungen des Alten beeindruckten ihn offensichtlich nicht groß und erdrückten ihn schon gar nicht. Und selbst wenn eine zwar von niemandem bemerkte, übermächtige Spannung zwischen den beiden geherrscht hätte, wäre dies keine Erklärung, warum neben dem Vater auch die Mutter und die beiden Schwestern ihr Leben lassen mussten. Die Untat war ein eiskalt geplanter und mitleidlos vollstreckter vierfacher Mord, begangen von zwei jungen intelligenten Erwachsenen aus beneidenswert stabilen Verhältnissen, die ein Leben vor sich hatten, das ihnen sämtliche beruflichen und sozialen Möglichkeiten bereithielt.

«Habgier» sei das Mordmotiv gewesen, sagte der Staatsanwalt. Die Häusslers unterhielten ein Schweizer Bankkonto mit einem sechsstelligen Guthaben, und um das Geld nicht teilen zu müssen, habe Andreas mit Hilfe seines Freundes, der bereits eine «Wunschliste» erstellt habe, seine Geschwister und Eltern beseitigt. Diese Behauptung ist wahrscheinlich nicht falsch, aber sie greift sicher zu kurz. Die beiden Burschen hatten sich seit längerem in einer Parallelwelt bewegt. Irgendwann hatten sie zum ersten Mal die Grenze des gesellschaftlich Akzeptierten und der Legalität überschritten, einen Diebstahl verübt und das Prickeln der Verwegenheit und der gefährlichen Existenz gespürt. Es folgten weitere Einschleichdiebstähle und nächtliche Einbrüche, jeder Coup erhöhte die Lust auf einen nächsten, und die Distanz zur übrigen Gesellschaft vergrößerte sich. Der Wirt einer Szenekneipe, in der Andreas und Frederik ab und zu auftauchten, meinte, es sei klar gewesen, «dass die beiden homosexuell sind». Für den *stern* übrigens ein weiteres Indiz für die Schuld der Verhältnisse. Denn Eislingen sei ein «Kaff» – sozusagen die Erweiterung der muffig-autoritären Familie Häussler –, «in dem jeder jeden beobachtet und es Leute gibt, die Leserbriefe an die Zeitung schreiben, weil sie sich über moderne Skulpturen ereifern». Wie hätten die armen jungen Leute, dies die Botschaft, in einer solch spießig-repressiven Umgebung ihre Liebe zueinander outen können?

Es ist gut denkbar, dass sie ein schwules Pärchen bildeten, auf jeden Fall aber verband sie die Innigkeit einer verschwörerischen Gemeinschaft. Andreas war der dominante Teil, Frederik der unterwürfige, die Zuneigung des einen wurde durch die Hörigkeit des anderen erzeugt. Sie waren aufeinander angewiesen. Indem sie sich gegenseitig bestätigten, hielten sie die hohe emotionale Bindungstemperatur aufrecht und betäubten ihr schlechtes Gewissen und die Angst, erwischt zu werden. Sie litten nicht unter ihrer Situation. Sie rächten sich nicht für frühere oder befürchtete Kränkungen. Im Gegenteil, sie liebten ihr Geheimnis, und sie verachteten ihre Kollegen, ihre Nachbarn, ihre Familien, die ein ahnungsloses und braves Leben führten und auf ihre Maskerade der engagierten Jungchristen hereinfielen. Er habe sich den anderen «intellektuell überlegen gefühlt», vertraute Andreas im Gefängnis einem Sozialarbeiter an. Ihr Gefühl der Exklusivität, der Auserwähltheit und Unverwundbarkeit wuchs mit der Zahl der erfolgreichen Raubzüge, und schließlich glaubten sie, über allen Regeln zu stehen, denen sich die anderen Menschen unterziehen müssen. Sie begingen die Ursünde. Sie wähnten sich allmächtig und gehorchten nur noch einem Gesetz: der unmittelbaren Erfüllung ihres Begehrens. Wer ihr im Weg stand, wurde entfernt. Deshalb mussten die Häusslers sterben.

Die Phantasie, andere zu töten, zu erniedrigen, zu schädigen, haben die meisten Menschen schon einmal gehabt. Der

Wunsch ist nicht böse. Erst die Tat ist es. Bei einigen Individuen allerdings ist die Neigung, Böses zu tun, stärker ausgeprägt als bei anderen. Wie zum Beispiel beim fünfundzwanzigjährigen Schweizer Daniel Hofman, einem Koch, der am 4. März 2009 das sechzehnjährige Au-pair-Mädchen Lucie Trezzini mit dem Versprechen, Modefotos von ihr zu machen, in seine Wohnung im aargauischen Rieden lockte. Er schlug sie mit einer Hantel zusammen und schnitt ihr mit einem Messer die Kehle durch. Nachdem er sich einige Tage später den Behörden gestellt und ein Geständnis abgelegt hatte, trat Urs Winzenried, Chef der Kriminalpolizei des Kantons Aargau, vor die Presse, um die aufgewühlte Öffentlichkeit über die Motive des Mörders zu informieren. Daniel H. habe erzählt, dass ihm während eines ruhigen Gesprächs mit der jungen Lucie T. plötzlich die Ausweglosigkeit seiner Situation in den Sinn gekommen sei – Job verloren, Freundin weg, Alkohol- und Drogenprobleme. «Er wollte den Rest seines Lebens im Gefängnis verbringen, deshalb tötete er.»

Dass der Kripo-Chef des Kantons, ein Mann, der berufshalber seit Jahrzehnten mit den dunklen Zonen und Abgründen der menschlichen Natur zu tun hat, eine derart hanebüchene, jeden Realitätssinn beleidigende Ausrede eines sadistischen Mörders unwidersprochen kolportierte (ebenso die *NZZ*: «Offenbar überfordert vom Alltag, tötete er, um zurück in die feste Struktur eines Gefängnisses zu gelangen»), ist ein Hinweis darauf, wie tief der pastorale Therapeutismus das konventionelle gesellschaftliche Denken durchdrungen hat. Der Fall führt aber auch vor, wie eine Weltanschauung, die das Böse programmatisch eliminiert, diesem unwillentlich und naiv Schutz und Unterschlupf gewährt, mit zuweilen verheerenden Folgen.

Sechs Jahre zuvor hatte sich der damals neunzehnjährige Hofman nach einem Betriebsfest von einer Kollegin nach Hause fahren lassen. Unterwegs lotste er sie unter einem Vorwand zu einem abgelegenen Schützenhaus, streifte Handschuhe über, fiel über sie her, schlug ihren Kopf auf den Steinboden, traktierte sie mit einem Schlagring, begann sie zu erdrosseln. Die röchelnde junge Frau packte ihn mit letzter Kraft an den Hoden, er ließ vor Schmerz von ihr ab, sie redete beruhigend auf ihn ein, streichelte ihn, versprach ihm, niemandem etwas zu erzählen, fuhr ihn nach Hause. Ein Bericht hielt später fest: Hätte sie nicht so «intelligent und geschickt gehandelt, wäre sie vermutlich tot».

Der Polizei, die ihn kurz darauf verhaftete, spielte er den von Alkohol und Kokain benebelten Torkelmann vor, während er in Wirklichkeit kaum zugedröhnt war, wie die Rechtsmediziner nachwiesen. Wie sechs Jahre später erneut, klagte er, Job, Freundin, Halt verloren zu haben, lediglich eine «Umarmung und etwas Mitleid» gesucht zu haben, dabei aber «plötzlich zum Tier geworden» zu sein. «Die Person, die dies an diesem fraglichen Abend getan hat, war nicht ich selber», gibt er zu Protokoll – eine plumpe Ausrede, verkleidet als philosophisch klingende Selbsterkundung. Den Entscheid, der Kollegin Gewalt anzutun, hatte er längst gefällt, als er zu ihr ins Auto stieg. Tatort, Vorwand, dorthin zu fahren, Handschuhe, Schlagring, alles war vorbereitet. Und sicher ist anzunehmen, dass er in seiner Phantasie dieses oder ähnliche Verbrechen schon tausendmal durchgespielt hatte.

Sowohl das lokale Gericht als auch der psychiatrische Gutachter der renommierten Klinik Königshalden übernahmen jedoch im wesentlichen Hofmans Geschichte von den unglückseligen Umständen. Der Psychiater diagnostizierte Drogenabhängigkeit, gestörtes Sozialverhalten und eine «Störung der Sexualpräferenz im Sinne eines Fetischismus». Zwischen Sucht und Tat sah er einen ursächlichen Zusammenhang. Erst der Rausch habe vermutlich die Affekte entfesselt – womit er Hofmans Täuschungsmanöver eine ärztliche Beglaubigung erteilte. Er stellte dem kooperativen Probanden eine günstige Prognose: «Etwa nach einem halben Jahr bis in einem Jahr sollte sich der Zustand auch für Dritte sichtbar verbessert haben.» Das Gericht beherzigte das Gutachten und schickte Hofman für vier Jahre in den Arxhof, ein sozialtherapeutisches Maßnahmezentrum für junge Erwachsene.

Er gab sich willig und motiviert, «wie ein Lämmlein», so der Direktor, absolvierte erfolgreich eine Kochlehre und wurde nach viereinhalb Jahren im August 2008 aus dem Arxhof entlassen. Zwar hatte zu Beginn der Maßnahme ein Psychologe bei Hofman «hinter der Fassade der Anpassung» eine «riskante Gewaltthematik» und eine «hochgradige Manipulation und Verführung anderer Menschen» zu erkennen geglaubt, und auch der Abschlussbericht stellte fest, das «Rückfallrisiko» sei «nach wie vor groß», wenn sein Leben aus der Bahn geraten sollte. Aber trotzdem ließ man ihn ziehen, da er seine neue Lebenssituation gut meistere und «Verantwortung für Situationen übernimmt», welche künftig zu Risiken führen könnten – Hofman hatte eine Freundin, eine feste Stelle, eine Wohnung. Als ob die Bereitschaft zu sadosexuellen Exzessen durch einen Job in einer Hotelküche beeinflusst würde.

Die ersten drei Monate verhielt er sich unauffällig, gleichzeitig unternahm er alles, um die Instanzen auszuschalten, die das «Tier» in ihm kontrollieren sollten. In unzähligen Gesprächen und Sitzungen mit Psychologen, Sozialarbeitern, Pädagogen hatte er sein Talent, zu täuschen, falsche Spuren zu legen und eine Rolle zu spielen entwickelt und verfeinert. Er kannte die Helfer besser als diese sich selbst, er wusste, wie sie denken, was sie hören wollen, mit welchem Jargon und mit welchen «emotionalen Einsichten» man ihnen schmeichelt und sie einlullt. Das Amt für Justizvollzug überzeugte er, dass er keine weiteren Therapiesitzungen mehr brauche, denn er sei im Arxhof erfolgreich therapiert worden. Die Bewährungshelferin nahm ihm ab, dass er zwar ein Drogenproblem gehabt habe, ansonsten aber keine Gefahr für andere darstelle. Die Urintests wiederum umging er bis auf zwei, bei denen er durchsetzen konnte, dass ihm niemand beim Wasserlassen zuschauen dürfe. Hofman wusste, dass er seine Umgebung austrickst und belügt. Inwieweit betrog er auch sich selber?

Ab Dezember fehlte er häufiger bei der Arbeit und erschien nicht mehr zu den Terminen bei der Drogenberatungsstelle und bei der Bewährungshelferin. Er stellte Bilder von sich ins Internet. Eins zeigt ihn mit entblößter Muskelbrust und drohender Haltung, hinter ihm ein Kumpel mit Schlägervisage und gereckter Faust. Ein anderes zeigt ihn an einer Party, im Arm ein blondes Mädchen, sein Gesichtsausdruck leicht unsicher, ein Gegensatz zum Griff seiner mächtigen Hand, die das Mädchen am Hals gewaltsam zu sich herzudrücken scheint. Hofman begann, sich als Modefotograf auszugeben und junge Frauen zu sich nach Hause einzuladen. Mindestens ein Dutzend Mädchen folgte ihm in seine Wohnung, alle verließen sie ohne Fotoshootings, aber unversehrt. Spätestens Mitte Januar musste Hofman klargeworden sein, dass der Dämon in ihm, den er vor der ganzen Welt und vielleicht auch vor sich selbst verleugnet hatte, lebte. Es waren nicht die Drogen, die den Dämon erschaffen hatten, der Dämon war ein Teil von Hofman selber, der jenen mit Drogen fütterte, um ihn bei guter Laune zu halten. Er hatte den Gewaltphantasien die Schleusen geöffnet und erlaubte ihnen erneut, seine Handlungen zu diktieren, wie damals vor sechs Jahren.

Mit einem halbherzigen Effort versuchte er den fatalen Kurs zu ändern. Er meldete sich bei der Bewährungshelferin, erzählte von Rückfallproblemen mit Kokain und Alkohol, akzeptierte bereitwillig den Vorschlag einer stationären Therapie, verschwieg jedoch einmal mehr das wahre Geheimnis seiner Unruhe. Am 3. März, eineinhalb Monate später, hätte er für seinen Entzug in die geschlossene Suchtklinik Neuenhof eintreten sollen. Der mittlerweile arbeitslose Koch, der um die strengen Regeln in Drogentherapien wusste, erschien fünfundvierzig Minuten zu spät und wurde wieder weggeschickt. Am folgenden Tag ermordete er die sechzehnjährige Lucie auf bestialische Weise.

Der Kontrakt mit dem Teufel

Im Jahre 1992, zur selben Zeit, als Bosnien in den Bürgerkrieg schlitterte, erschien das aus einem Essay hervorgegangene Buch *The End of History and the Last Man (Das Ende der Geschichte)* des Amerikaners Francis Fukuyama. Der damals vierzigjährige Politik-Professor aus Chicago vertrat die These, dass mit dem Kollaps des totalitären Sowjet-Imperiums und dem Sieg der liberalen westlichen Demokratien das Zeitalter der ideologischen, sozialen, kulturellen und realen Kriege abgeschlossen, das heißt, das Ende der Geschichte erreicht sei. Die Menschheit habe ihre Lehren gezogen, so der Star-Akademiker, die Posthistorie bestünde aus vernünftigem Handeln, wachsendem Wohlstand, aus gesellschaftlichen Events anstelle von turbulenten Umbrüchen. Zumindest für Fukuyama erfüllte sich die Prognose. Das Buch machte ihn weltberühmt und wohlhabend. Ansonsten wurde es jeden Tag vom weiteren Verlauf der Dinge widerlegt.

Schon zu Beginn der Neunziger hätte man sehen können, dass mit dem Islamismus eine mächtige antiwestliche Kraft entstanden war, eine irrationale, apokalyptische Bewegung, die im Sudan und im Iran bereits die Macht erobert hatte und in anderen muslimischen Ländern nur mit äußerster Gewalt daran gehindert werden konnte. In Russland wiederum mutierte der sieche Panzerkommunismus zu einem mafiösen Schlägerkapitalismus, dirigiert von einem undurchsichtigen ehemaligen Spion und seiner Clique aus Geheimdiensttagen. Auch China verabschiedete sich von seiner Kolchosenökonomie, entwickelte sich in kurzer Zeit zu einem wirtschaftlichen Riesen, blieb aber ein anmaßender, autoritärer Mandarinstaat. Und vor kurzem erfuhren wir einmal mehr die Fragilität der erfolgreichen westlichen Marktökonomie. Einige falsche Entscheide von Wirtschaftsverantwortlichen lösten in einer Kettenreaktion die Vernichtung von Milliardenvermögen aus und führten die reichsten Staaten der Welt an den Rand eines Bankrotts.

Fukuyamas Entwurf, der sich an Hegels Geschichtsphilosophie eines sich dialektisch entfaltenden Weltgeists orientiert, ist nicht lediglich die singuläre Fehleinschätzung eines naiven Utopisten. Sie spiegelt die Lebensrealität des durchschnittlichen westlichen Lohnintellektuellen. Dieser ist Teil eines kleinen, selbstreferentiellen, nach eigenen Ritualen sich verständigenden Milieus, das sich an Worten, Abstraktionen, kanonisierten Theorien nährt. Seine existentiellen Erschütterungen sind ausgebliebene Beförderungen, Buchverträge, Hypothekarzinserhöhungen, Kollegenneid, eine geheime Affäre mit einer Studentin, eine Prostataoperation. Der Lärm, das unübersichtliche Gewühl, die Phantasmen der übrigen Welt dringen kaum zu ihm vor. Sie liegen jenseits seiner Erfahrung, sein rationales Denksystem lässt nur die Wahrnehmung anderer rationaler Systeme zu. In scholastischer Manier Ideen und blutleere Begriffsarchitektur überschätzend, war es folgerichtig, dass die akademischen Auguren von jeder der epochalen Verwerfungen der letzten Jahrzehnte überrascht wurden.

Anders als die Ordnungsmodelle der Professoren ist die reale Welt chaotisch und ihre Zukunft nicht berechenbar. Die Geschichte gehorcht keiner immanenten Vernunft, sondern mäandert blind und planlos durch die Zeit, ein spektakulärer, verschwenderischer Umzug ohne Ziel oder höhere Absicht. Sie wird gemacht von Menschen, von hochintelligenten, sinnbedürftigen, moralbegabten, aber unzuverlässigen Wesen, die jederzeit imstande sind zu zerstören, was sie erschaffen haben, barocke Figuren, auf der einen Schulter ein Teufel, auf der anderen ein Engel. Der Bestand der Humangesellschaften ist nicht verankert in einem angeborenen, naturwüchsigen Set sozialer Verhaltensweisen oder in einem unverbrüchlichen göttlichen Sittenkodex, sondern hängt ab von fragilen, frei gewählten Regeln und Werten. Und so, wie Einzelne immer wieder die zivilisatorischen Gesetze brechen, können auch ganze Kollektive den Verlockungen der Allmacht, des Triumphs, des Endzeitrausches erliegen. Diese Einsicht zu ignorieren, führt im besten Fall zu intellektuellen Blamagen, wie Fukuyama erleben musste, im schlimmsten Fall aber zu gesellschaftlichen Katastrophen.

Einige Monate vor Hitlers Machtergreifung, im September 1932, schrieb die in München ansässige katholische Wochenzeitung *Der Gerade Weg* über den Nationalsozialisten, er verkörpere «die Unbedingtheit des Bösen». Dieses Urteil war nicht der simple Reflex frommer bayerischer Hinterwäldler, die hinter jeder Abweichung von den Kirchenregeln das Wirken Satans vermuten, ob es sich nun um Fluchen, homosexuelle Neigungen oder neuheidnische Politbewegungen handelt. Es war das Ergebnis von nüchterner, präziser Beobachtung und unerschrockener Analyse. Die Zeitung prangerte Hitlers Brutalität und Gewaltverherrlichung an, stellte dessen Selbstvergottung bloß, prophezeite eine von der Regierung Hitler zu erwartende Schreckensherrschaft. Am Tag des nationalsozialistischen Sieges wurde die Redaktion von SA-Schlägern gestürmt, die Zeitung verboten, Chefredakteur Fritz Gerlich verhaftet und ein Jahr später im Konzentrationslager Dachau ermordet.

Die Klarsichtigkeit von Gerlich und anderen, häufig ebenfalls katholischen Publizisten, war eine Ausnahme. Die konservativen nationalen Eliten, die Generäle, Adligen, Industriellen, gesellschaftlich angeschlagen seit dem Ende der Monarchie, verachteten anfänglich insgeheim den ehemaligen Gefreiten mit der komödiantischen Haarsträhne, und sie verachteten die tumbe Masse, die seinen Tiraden zujubelte. Sie verhalfen ihm trotzdem zur Macht, weil sie glaubten, ihn und sein demagogisches Talent für sich nutzbar machen zu können. In ihrer Überheblichkeit merkten sie nicht, dass er stattdessen sie benützte. Aber auch von seinen linken Gegnern wurde das Phänomen Hitler unterschätzt. Für die Kommunisten war er ein williger Knecht der Kapitalisten und Grundbesitzer, eine Marionette, die sie nach Bedarf tanzen oder wieder verschwinden lassen konnten. Die Sozialdemokraten billigten ihm mehr Eigenständigkeit zu, aber verharmlosten ihn als «politischen Abenteurer», als provinzlerischen «Rattenfänger von Braunau». Sie teilten lange die Einschätzung des Publizisten Carl von Ossietzky, für den Hitler ein «halbverrückter Schlawiner», ein «schnell feist gewordener Kleinbürgerrebell» war, und der noch 1930 über den Nationalsozialismus schrieb: «Diese Bewegung hat keine Idee und kein Prinzip und deshalb wird sie nicht leben können.»

Diese Aussage Ossietzkys war gewiss auch Polemik. Der radikaldemokratische Publizist wusste natürlich, dass sie zu diesem Zeitpunkt bereits eine Macht im Land darstellte, also sehr wohl lebte. Indem er ihrem Programm jede Rationalität, jede Zugehörigkeit zur geistig-intellektuellen Welt absprach, versuchte er die Nazis als Dummköpfe zu zeichnen und ihre Wählbarkeit zu unterminieren. Aber es war auch nicht bloße Taktik. Ossietzky glaubte tatsächlich, dass die kühle Kraft der Vernunft und der argumentativen Eleganz jener der völkisch-rassistischen Phantasielehre eines bramarbasierenden Volkstribuns a priori überlegen sei – als ob man mit gescheiten Formulierungen ein heranschleichendes Rudel hungriger Wölfe aufhalten könnte. Eine fatale Illusion, wie ihm vielleicht bewusst wurde, als er drei Jahre später von den Nazis ins KZ verschleppt und schwer misshandelt wurde, bevor er 1938 an den Spätfolgen starb. Freunde hatten ihn gewarnt, sein Name stehe auf der Verhaftungsliste. Ossietzky aber war in Deutschland geblieben.

Die Verharmlosung Hitlers durch viele gebildete Zeitgenossen ist umso auffälliger, als er kein *manchurian candidate* war. Er wurde nicht von dunklen Hintermännern gesteuert, machte nie ein Geheimnis um seine Absichten, und er bewies vom ersten Tag seines Aufstiegs an, als er im Alter von dreißig Jahren in den Münchner Wirtshausstuben seine Wirkung als Redner und die Suchtdroge Macht entdeckte, dass er entschlossen war umzusetzen, was er predigte. Seine Botschaft war simpel, er wiederholte sie unzählige Male, jeder konnte sie verstehen. Er verkündete einen erbarmungslosen, manichäistisch zugespitzten Sozialdarwinismus. Zwei Mächte standen sich in seinem wahnhaften Welttheater unversöhnlich gegenüber: auf der einen Seite das Herrenvolk der Arier, die deutsche Nation, deren Führer und «reinste Verkörperung» er selbst war – «Das ist das Wunder unserer Zeit, dass ihr mich gefunden habt, unter so vielen Millionen! Und dass ich euch gefunden habe, das ist Deutschlands Glück» –, auf der anderen Seite die Juden, eine verkommene Rasse, Untermenschen, Ursprung allen Unheils, «Bazillen», «Viren», «Parasiten», die in den «Körpern lebender Völker» nisten, und die mit dem kommunistischen Sowjetrussland ein eigenes Imperium geschaffen hatten, den «Judenbolschewismus», um die übrige Welt ins Chaos zu stürzen. Die Bestimmung des deutschen Volkes sei es, diese «Weltpest», diese «Weltvergifter» auszurotten und sich jenen «Lebensraum» zu erobern, der ihm zustand. Der Sieger war grundsätzlich im Recht; wer schwach war und im Daseinskampf unterlag, war es nicht wert gewesen zu leben. «Man bleibe uns vom Leibe mit Humanität!»

Der Mann, der offen den zivilisatorischen Grundvertrag aufkündigte, ein Revolutionär, der Hass, Amoral, Mitleidlosigkeit predigte und drohte, die Welt abzubrennen, war nach wenigen Jahren an der Reichsspitze der populärste Politiker, den Deutschland je hatte. Die überschwengliche, augenleuchtende, sektenartige Verehrung für den Führer, die Sehnsucht, sich für ihn aufzuopfern, erfasste alle Milieus und Schichten. Hitler hatte den Schlüssel zur seelischen Unterwelt der Landsleute gefunden, und er bediente sich schamlos aller Techniken der Massenbeeinflussung, um den Kult um seine Person zum Kernmythos des neuen totalitären Staates zu machen. Doch auch die raffinierteste Propaganda wirkt nur, wenn sie auf bereits vorhandene Begierden, Wünsche, Phantasien trifft. Hitler machte den Deutschen ein Angebot. Er versprach einen gedeckten Tisch, Sicherheit und Ordnung, die Genugtuung der Rache, die Krone der Auserwähltheit, ein reines Gewissen beim Töten, das Triumphgefühl der Allmacht, der Heroik und der Unsterblichkeit durch die Verschmelzung mit dem großen Kollektiv. Die einzige Bedingung: Er verlangte die totale Kontrolle über ihre Gedanken und ihr Leben. Millionen gingen den Vertrag ein, freiwillig, wissentlich, ahnend, und sie wurden mitschuldig an einem der größten Verbrechen der Geschichte. Und nicht ganz unschuldig waren auch alle jene Politiker, Publizisten, Intellektuellen, die Hitler zwar ablehnten, aber unfähig waren, die Qualität seiner Verworfenheit zu erkennen. Sie missachteten den ontologischen Bedeutungsunterschied zwischen Schlecht und Böse.

Eine «geile Zeit»

Fünf Berufsschüler aus der Schweiz, auf einer Klassenfahrt in München im Sommer 2009, machten sich spätabends zu einem Stadtspaziergang auf. Während ihres Rundgangs griffen die sechzehnjährigen Jungen innerhalb weniger Minuten insgesamt fünf Männer an, das heißt, drei der Jünglinge schlugen zu, die zwei anderen feuerten sie mit Klatschen und Johlen an. Zum Auftakt steuerten sie in einem Park auf eine Gruppe Männer zu, Mazedonier, die dort friedlich schwatzten und Bier tranken. Dem ersten schlugen sie mit voller Wucht auf den Hinterkopf, dann fielen sie über einen zweiten her, schließlich über einen dritten, einen körperlich Behinderten, dessen Kopf nach der Attacke frei über der Bank hing, worauf dieser von einem gewaltigen Tritt getroffen wurde, «wie ein Fußball», so der Schläger später im Polizeiprotokoll. Alle drei Männer waren schwer verletzt, zwei von ihnen bewusstlos, als sich die Schüler wieder davonmachten. Er habe sich «sehr aufgedreht gefühlt und sei voller Tatendrang gewesen», begründete einer der Jünglinge den weiteren Verlauf des Abends. Das nächste Opfer war ein sechsundvierzigjähriger Versicherungskaufmann, der gerade mit seiner Frau telefonierte, als ihn ein Faustschlag auf die Schläfe in die Knie sinken ließ. Die folgenden Tritte in den Kopf nahm er nicht mehr wahr, und als er wieder zu Bewusstsein kam, stellten die Ärzte fest, dass «sein komplettes Mittelgesicht nach rechts verschoben» war. Die Schüler schlugen auf dem Weg zurück noch einen weiteren Passanten halb ohnmächtig, einen vierundzwanzigjährigen Studenten, bevor sie in ihrer Unterkunft die blutverschmierten Kleider wechselten und sich zusammen einen Film anschauten.

Alle Angriffe waren ohne Vorwarnung erfolgt und ohne vorangegangenen Streit, die Auswahl erfolgte zufällig, der Erstkontakt wurde mit einem Faustschlag ins Gesicht hergestellt. Die Jugendlichen hatten vorher etwas Alkohol getrunken und einen Joint geraucht, waren aber keineswegs unzurechnungsfähig. Alle drei waren schon früher wegen Prügeldelikten oder Diebstahl aufgefallen und zu kleinen Geldstrafen und ein paar Tagen Sozialdienst verurteilt worden, einer hatte eine Anti-Aggressions-Therapie absolviert. Und alle drei zeigten laut Polizeiaussagen bei der Einvernahme keine Reue.

Die Tat löste in Deutschland und der Schweiz große Bestürzung aus, und um die Motive und das Verhalten der Jugendlichen besser verstehen zu können, schickte der *Spiegel* eigens einen Reporter zur Recherche in deren Heimatgemeinden am Zürichsee. Er fand Rebberge, gediegene Siedlungen, schmucke Fachwerkhäuser. Die drei Schläger stammten aus geordneten Verhältnissen, zwei von ihnen hatten eine Lehrstelle in Aussicht, bei Schülern und Lehrern waren sie beliebt. Dies hatte der *Spiegel*-Reporter offenbar nicht erwartet. «Ob der Luxus der Goldküste Frustrationen entstehen lässt?», kam er ins Grübeln, «ob diese satte Schönheit Langeweile erzeugt?» Er fand keine Erklärung für die Geschehnisse, «in Willkür und Brutalität einmalig», und reiste ratlos wieder nach Hause.

Dass das international renommierte Nachrichtenmagazin die Überfälle von München als «einmalig» bezeichnete, ist zumindest erstaunlich. Seit Jahren kann man in den Städten

63

Deutschlands, der Schweiz und anderen Ländern Europas das Phänomen einer neuen Form von Jugendbrutalität beobachten, die dem Vorgehen der drei Berufsschüler gleicht, als würden alle Täter demselben Drehbuch folgen. Hörte man früher mit dem Schlagen auf, sobald der Angegriffene wehrlos am Boden lag, gilt diese ungeschriebene Regel heute nicht mehr. Eine Gruppe junger Männer wählt sich ein Opfer aus, spontan, meist ohne Anlass, in der Bahn, auf der Straße, auf einem öffentlichen Platz, schlägt es nieder und beginnt auf den Kopf einzutreten. Manchmal raubt man es aus, manchmal auch nicht, Beute spielt keine zentrale Rolle. Oft trifft es andere Jugendliche, zuweilen einen Erwachsenen wie jenen sechsundsiebzigjährigen Rentner, ein ehemaliger Schulleiter, der sich im Dezember 2007 in einer Münchner U-Bahn erlaubt hatte, zwei Burschen auf das Rauchverbot hinzuweisen. Die Videokamera hielt die nachfolgende Prügelorgie fest, unter anderem, wie einer der beiden zu humpeln begann, nachdem er dem am Boden liegenden alten Mann einen besonders wuchtigen Fußtritt in den Kopf versetzt hatte. Der Rentner überlebte knapp mit einem dreifachen Schädelbruch.

Weniger Glück hatte ein Fahrgast, der zwei Monate nach dem Amokspaziergang der Berufsschüler ebenfalls in München in einer S-Bahn unterwegs war. Der fünfzigjährige Unternehmer Dominik Brunner war einer Gruppe von Kindern zu Hilfe geeilt, die von zwei Burschen beschimpft und unter Androhung von Prügeln um Geld angegangen wurde. Er bot den Kindern an, bei der nächsten Haltestelle mit ihm auszusteigen, und als ihnen die siebzehn und achtzehnjährigen Burschen folgten, soll Brunner, seinem Beschützerinstinkt folgend, sich vor die beiden hingestellt und einen ins Gesicht geschlagen haben. Darauf gingen sie auf ihn los, der

Achtzehnährige mit einem Schlüsselbund in der Faust, sie brachten ihn zu Fall, traktierten ihn weiter, und als das Opfer längst reglos und blutend dalag, trat ihm der Ältere noch einmal mit aller Kraft auf den Kopf. Niemand hatte sich getraut, ihm beizustehen. Brunner, zweiundzwanzig schwere und zweiundzwanzig leichtere Verletzungen, starb noch am selben Abend.

Ist ein Tabu erst einmal gebrochen, drängen sich sofort Nachahmer in die neuentstandene Lücke, die sehr schwer wieder zu schließen ist. Wer in Coburg, Winterthur, Berlin, Zürich in seinem Bekanntenkreis herumfragt, wird höchstwahrscheinlich jemanden finden, der jemanden kennt, der Opfer eines ähnlichen Vorfalls geworden ist. Die gezielte, trittgenaue, Invalidität oder Tod in Kauf nehmende Brutalität gehört mittlerweile zum Standardverfahren adoleszenter Prügler, die sich von *gangsta rap*, dem musikalischen Anabolikum aus den amerikanischen Schwarzenghettos, inspirieren lassen. Ein Großteil der Delinquenten stammt aus Unterschichts- und Immigrantenfamilien – aus der Türkei, aus arabischen Ländern, aus dem Balkan. Einheimische Schlägertrupps aus sozial solidem Milieu sind die Ausnahme. Wahrscheinlich ist dies der Grund, warum der *Spiegel*-Journalist von einmaliger Willkür und Brutalität schrieb. Die üblichen psychologischen und soziologischen Ursachenklischees – missliche Umstände, Identitätsprobleme und so weiter – griffen hier nicht, die Entwarnung fiel schwerer. Der Journalist löste das Dilemma, indem er den Münchner Spaziergang zum Ausnahmefall, zum quasi paranormalen Ereignis entrückte und so sein Weltbild vor der Konfrontation mit dem Bösen bewahrte.

Mit derselben Absicht, aber gegenteilig lautenden Argumenten machte in der gleichen Zeit der Pädagoge Martin

Schmid, einziger zertifizierter Gewaltberater (GHM®) des Kantons Solothurn, in einem Interview mit dem *Tages-Anzeiger* (15. 7. 2009) auf sich aufmerksam. Der Fachmann für «Täterarbeit mit männlichen Jugendlichen und Männern» entgiftete, banalisierte und verkitschte den Münchner Vorfall zu einem alltäglichen Adoleszentendramolett, in dem es weder Schuld noch niederträchtige Gewalt gibt, sondern nur verschluckte Seufzer, ungelebte Gefühle und sogenannte Täter, bedauernswert und hilflos wie ausgesetzte Hundewelpen, die man am liebsten knuddeln möchte.

Jugendliche, die Gewalt ausüben, meinte der Fachmann, hätten «große Ängste» und würden oft selber von anderen Jugendlichen «ausgegrenzt, missachtet, kleingemacht». Es seien «Schmerzen, die irgendwo wehtun. Und um sie loszuwerden, fügen sie anderen Schmerzen zu.» Wenn sie danach keine Reue zeigten, ist dies kein Ausdruck von emotionaler und moralischer Verwahrlosung, sondern «Selbstschutz», denn ein Leben lang müssten die armen Kerle fortan mit dieser schlimmen Tat leben, mit «den Bildern, die garantiert wiederkommen. In sich ist die Trauer groß, vor allem mit sich selber.» Dürften sie diese Emotionen zulassen, würde der «Druck» verschwinden und mit ihm die Gewalt. Aber sie hätten keine Väter gehabt, die «Gefühle zeigen, ihnen die Tränen abwischen, ihre eigenen Unzulänglichkeiten nicht verbergen.» Sie seien Opfer einer Männlichkeitskultur, die noch immer dem «harten Macker» huldige, cool, unangreifbar, überlegen. Dass die Schläger Lust am Quälen haben könnten, weist Gewaltpädagoge Schmid zurück. «Ich denke nicht, dass sie es aus Spaß tun. Es ist ein Gefühl, nichts wert zu sein. Sie haben kein Gefühl für sich selber.»

Drei Tage zuvor waren in einem anderen Zeitungsartikel *(NZZ am Sonntag)* einige junge Männer zu Wort gekommen, die wegen brutaler Gewaltdelikte im Maßnahmezentrum Arxhof einsaßen. Was sie über ihre Zeit als Schläger freimütig erzählten, widersprach diametral den Aussagen des Experten. Er habe gedacht, er sei «der Größte», meinte beispielsweise der neunzehnjährige Cem, «ich konnte mit Zuschlagen erreichen, was ich wollte». Wenn er auf jemanden zugegangen sei, diesem lächelnd eine Zigarette angeboten habe, um ihm dann unversehens die Faust ins Gesicht zu schlagen, habe ihm das ein gutes Gefühl verschafft. «Ich fand es lustig, wie die dann am Boden lagen. Dann ließ ich richtig die Sau raus.» Auch der gleichaltrige Raffael, der regelmäßig mit seinen Kollegen loszog, um ahnungslose Passanten zu verprügeln, meinte im Rückblick: «Es hat Spaß gemacht.» Ebenso wie der ehemalige Hooligan Luc, achtundzwanzig, der eine Schreinerlehre nachholt und nicht bereute, was er damals tat. «Es war eine geile Zeit.» Es ging ihnen um «Macht», «Spannung», den «Kick», und es ist purer Zufall, dass sie niemanden getötet haben.

Experte Schmid ist neben seiner Therapeutentätigkeit – «Ich berate Sie als Mann und verstehe Ihre Not» – für die soziale Betreuung in verschiedenen Anstalten verantwortlich, unter anderem auch im Arxhof – die Einrichtung, in der Sexualmörder Daniel Hofman während vier Jahren seine Psychologen und Pädagogen erfolgreich genarrt hatte. Deren Deutungssystem kennt keine Kategorie der Verworfenheit oder des Bösen, und aus demselben Grund ist Schmid unfähig, sich Gewalt als Freizeitvergnügen ohne psychopathologischen Hintergrund, als pure Spaßhandlung euphorisierter Freundescliquen vorzustellen. Die Täter mögen ihre Motive unmissverständlich äußern, aber er weiß es besser. Die Lust sei «nur vordergründig», schulmeistert es vom Expertenstuhl herunter, in Wirklichkeit kämen «verschiedene Faktoren» zusammen. Was nicht sein darf, kann nicht sein.

Wenige Wochen vor diesem Interview hatte die Thurgauer Kantonspolizei die Aufnahmen einer Überwachungskamera zu Fahndungszwecken ins Netz gestellt. Das Video aus einer Unterführung des Bahnhofs Kreuzlingen zeigte, wie kurz nach Mitternacht ein junges Prüglertrio zwei andere junge Männer mit Fäusten und Tritten brutal traktiert und auch nicht damit aufhört, als diese bereits regungslos am Boden liegen. Nach über einer Minute lassen die Schläger endlich von den beiden ab und steigen die Rampe hoch, direkt Richtung Kamera. Dank Meldungen aus der Bevölkerung wurden sie bald verhaftet. Sie konnten keinen Grund für ihren Angriff angeben und hatten ihre Opfer vorher noch nie gesehen. Der Bruder eines der Schläger behauptete, dieser habe einen Filmriss gehabt, sei stockbetrunken gewesen, ebenso wie seine Kumpane.

Die Videobilder stützen diese Aussagen nicht. Keiner torkelt oder schwankt. Und sie zeigen noch etwas anderes. Das Trio wirkt aufgekratzt und freudig beschwingt. Die Burschen haben sich unter den Armen eingehängt und grinsen und feixen und genießen offensichtlich die immer noch nachklingende Wirkung des Adrenalins, das ihnen beim Auflauern, Quälen und Erniedrigen durch Körper und Hirn schoss, in heißen, energetischen Schüben, wie eine hochstimulierende Droge. Auch wenn man die Verlautbarungen der Arxhof-Insassen als Primitivprosa geistig unterdotierter Wichtigtuer abtut, beweisen doch die Videoaufnahmen unmittelbar, dass sie nicht gelogen haben. Schläger haben «eine geile Zeit».

Die
Wonnen
der Hölle

Der Anblick der gutgelaunten Haudraufs aus der schweizerischen Provinz erinnerte mich an die Milizionäre und Kämpfer, denen ich in Kriegszonen an den verschiedensten Orten der Welt begegnet bin. Auch sie waren von einer unübersehbaren Hochstimmung, von einer eigentümlichen, wilden Feierlichkeit erfüllt – zumindest solange sie auf einen Sieg über ihre jeweiligen Feinde hoffen durften –, egal für welche Religion, Nation, Ethnie oder politische Idee sie zu den Waffen griffen. Anfänglich hatte mich diese Beobachtung irritiert. Wer in den Krieg zieht, so glaubte ich, ist entweder ein verzweifelter armer Schlucker, wurde zwangsrekrutiert oder von Demagogen verführt oder meistens alles zusammen. Dass man nicht nur freiwillig und mit klarem Bewusstsein, sondern auch freudig das riskante und grausame Geschäft mit dem Tod betreiben kann, war eine neue Erkenntnis und ein etwas ungemütlicher Gedanke. Es war ein Gedanke, den ich früher einmal gelesen hatte und der in meinem Kopf hängengeblieben war, weil er eine beunruhigende Perspektive aufblitzen ließ, die ich zwar nicht bestätigen, aber auch nicht widerlegen konnte. In einem seiner Aphorismen (*Jenseits von Gut und Böse*, Nr. 39) schrieb Nietzsche von jenen «Bösen», «die glücklich sind, – eine Species, welche von den Moralisten verschwiegen wird». Nun hatte ich die Anschauung, und ich verstand die Wahrheit des Satzes.

Im Sommer 1992 hatte ich als IKRK-Delegierter im nordbosnischen Städtchen Bosanski Brod einen jungen Kroaten kennengelernt, den ich hier Ante Čulap nennen will. Der Dreiundzwanzigjährige war als Buffetbursche in Bellinzona angestellt gewesen, als in Bosnien die Kämpfe ausbrachen und er umgehend zurückreiste. Er schloss sich in seiner Heimatgemeinde einer neugegründeten kroatischen Miliz an, die sofort Jagd auf die serbische Minderheit machte, und wurde bald Kommandant eines Gefangenenlagers, in dem man jene Serben einsperrte, die nicht schnell genug geflüchtet waren oder die man nicht auf der Stelle getötet hatte. Sie dienten unter anderem als Austauschmaterial, als eine Art Kriegswährung, um die von der Gegenseite festgehaltenen eigenen Leute auszulösen. Alle Parteien unterhielten solche menschlichen Konten, und auch während der erbittertsten Kämpfe wurde gleichzeitig via Funk oder Radio um den Wert der Gefangenen gefeilscht. Oft kannten sich die Verhandlungspartner von früher.

«Hör zu, Vlade, elender Tschetnik», teilte der Mann am Funk seinem Gegenüber auf der anderen Seite der Front mit. «Wir haben deinen Bruder. Er sitzt neben mir und winselt und flennt wie deine Frau, als sie damals gebettelt hat, ich soll sie vögeln, während du auf der Arbeit warst. Willst du ihn jemals lebendig wiedersehen, dann lasst ihr zwanzig der Unseren frei. Aber wehe Gott, ihr krümmt ihnen ein Haar.» Darauf folgte eine Liste mit Namen. «Sieh an», tönte es zurück, «dich kenne ich doch, Stipe, Sohn der Beba, der schnurrbärtigen, läufigen Hündin Beba, die es mit jedem getrieben hat, gratis und jederzeit, außer mit dir, ihrem eigenen Sohn, weil du sogar für sie zu hässlich warst. Zwanzig deiner räudigen Ustaschen willst du für meinen Bruder? Du konntest doch schon in der Schule noch nie über zehn hinauszählen.» Wurde nach passioniertem Schachern und Beleidigen eine Übereinkunft erzielt, stellte man kurz das Feuer ein, um nach dem geglückten Austausch gleich wieder loszuschießen. Wenn es den eigenen Interessen nützte, waren die Beteiligten jederzeit in der Lage, vom blutsaufenden Hass auf leidenschaftslose Rationalität umzuschwenken.

In Bosanski Brod wurden mehrere solcher Lager betrieben, und das Mandat des IKRK bestand unter anderem darin, die Insassen zu registrieren und in vertraulichen Gesprächen ihre Haftbedingungen zu ermitteln. Die verantwortlichen Militärs waren verständlicherweise nicht daran interessiert, dass die Welt davon erfuhr, und bestritten routinemäßig die Existenz solcher Einrichtungen oder verweigerten den Zutritt. Das Lager von Čulap fanden wir nur dank dem diskreten Hinweis eines kroatischen Soldaten. Es befand sich in einer stillgelegten Strumpffabrik, eine kleinere Anlage, vor dessen Tor einige bewaffnete Burschen misstrauisch, aber ohne sich zu rühren die Ankunft unserer zwei Rotkreuzfahrzeuge beobachteten. Kaum waren wir ausgestiegen, kam uns ein knochiger junger Uniformierter mit kantigem Kiefer und dem weißen Holster der Militärpolizei entgegen. Er sei der Gefängnisdirektor, stellte er sich vor, und heiße Čulap. Er reagierte jovial und zuvorkommend auf unseren Wunsch, die Einrichtung zu besichtigen. Obwohl wir den Besuch nicht angekündigt hatten, machte er keinen überraschten Eindruck. Offensichtlich hatte jemand unsere Anfahrt gemeldet.

Čulap spazierte mit uns durch sein Reich, und es war sofort klar, dass er der uneingeschränkte Herrscher war. Rund achtzig Gefangene waren im Lager eingesperrt, und jeder senkte sofort die Augen und schien sich unsichtbar machen zu wollen, wenn der Direktor vorbeispazierte. Die Fabrik war um einen offenen, rechteckigen Innenhof herumgebaut.

Entlang der einen Wand, in dem mit Drahtgitter abgetrennten ehemaligen Materialraum, lagen oder saßen die Männer, dicht nebeneinander, auf Styroporunterlagen oder Holzpaletten. Es gab Jugendliche unter ihnen und Alte, einige hatten geschwollene Füße oder Kopfwunden, und alle waren abgemagert, schmutzig und wirkten leblos. Als Toilette diente ein schmutziges Blechfass, das mitten unter ihnen stand. Für jede Benutzung musste die Erlaubnis eines Wächters eingeholt werden. Etliche der Männer waren so schwach, dass sie es nur mit Hilfe eines Kollegen schafften, sich am Fassrand festzuhalten.

Auf der gegenüberliegenden Seite des Innenhofs konnten die Männer die einstöckigen Gebäude der früheren Produktion und Administration sehen. Im ersten waren die alten Frauen, die Mütter mit Kindern und die Schwangeren untergebracht. Im nächsten befanden sich ausschließlich jüngere Frauen. Danach folgte ein Raum mit zwei weiteren jungen Frauen und schließlich das Büro von Čulap und seinem Stellvertreter, einem gutaussehenden Vierundzwanzigjährigen, der ebenfalls in Bellinzona in einer Restaurantküche gearbeitet hatte und wie Čulap Italienisch sprach. Der Raum mit den zwei Frauen war durch eine Tür direkt mit dem Chefbüro verbunden und im Gegensatz zu den völlig kahlen anderen Zimmern mit zwei Matratzen ausgelegt.

Wir informierten Čulap über die internationalen Vorschriften der Genfer Konvention zur Behandlung von Kriegsgefangenen, und er hörte sich das Ganze verständnisvoll nickend an. Alle Gefangenen bekämen genug zu essen, log er frohgemut und ungeniert, zweimal pro Tag, bei guter Disziplin auch dreimal, und manchmal hätten sie ihnen sogar Schokolade und Eiscreme serviert. Außerdem würden sie medizinisch versorgt. Wir wiesen ordnungsgemäß darauf

hin, dass sich sein Lager im Bereich der näherrückenden serbischen Artillerie befinde, aber über keine Schutzräume ver-
füge, obwohl er für die Sicherheit der Gefangenen verantwortlich sei. Und es sei offensichtlich, dass viele der Insassen
Zivilisten seien und keine Kämpfer, was ebenfalls eine klare
Verletzung der Grundrechte darstelle.

Er und die Wächter, meinte Čulap ungerührt, hätten
ebenfalls keine Schutzunterkunft, und kaum hatte er fertig-
gesprochen, schlug wie zur Veranschaulichung nicht weit
entfernt heulend eine Granate ein, deren Explosion den Boden unter unseren Füßen erzittern ließ. Während ich mich
instinktiv weggeduckt hatte, war Čulap ruhig stehen geblieben. Er habe langsam genug von diesem Krieg, fuhr er nach
einer Weile fort, um darauf eine der zwei Frauen aus dem
Nebenraum zu holen. Dies sei seine Freundin, stellte er sie
kumpelhaft vor, und er würde am liebsten noch heute mit
ihr ans Meer fahren. Das hübsche, etwa zwanzigjährige
Mädchen versuchte seine tiefe Verlegenheit hinter einem for-
cierten Lächeln zu verbergen, das noch verkrampfter wurde,
als Čulaps Stellvertreter sich grinsend einmischte, er würde
sofort mitfahren. Seine Freundin war die andere, etwas weniger hübsche Frau im Nebenraum. Die meisten Gefangenen, Männer und Frauen, stammten aus derselben Gegend,
kannten sich oder waren gar miteinander verwandt.

In den folgenden Wochen besuchten wir die Strumpffabrik noch verschiedene Male. In Gesprächen unter vier
Augen gaben die Häftlinge Details aus ihrem Alltag preis.
Bis zu unserer Ankunft hätten sie seit ihrer Verhaftung vor
zweieinhalb Monaten anfänglich nur eine Scheibe Brot und
einen Becher Tee pro Tag, später das Doppelte erhalten.
Medikamente seien ihnen verweigert worden – «lieber würden wir euch den Aids-Virus bringen» –, trotz sich ver-

schlechterndem allgemeinen Gesundheitszustand und grassierender Diarrhö. Die Männer schicke man zum Ausheben von Schützengräben an die Front, wo fast jeden Tag welche starben. Regelmäßig kämen Kollegen der Wächter oder von der Front zurückkehrende kroatische Soldaten ins Lager. Sie würden ein paar Dutzend männliche Gefangene oder alle Männer der Jahrgänge 1960 oder 1965 aufrufen, sich im Innenhof zu versammeln, um sie dann mit Fäusten, Stöcken, Baseballschlägern zusammenzuschlagen und die Liegenden mit Stiefeltritten zu malträtieren.

Die Wächter selber prügelten ebenfalls aus dem nichtigsten Anlass los, mitten in der Nacht, am helllichten Tag, der Schlimmste sei Čulap. Er habe schon einige Männer totgeschlagen, den Letzten in einem anderen Lager in Bosanski Brod, wenige Tage nach unserem ersten Besuch, in Zusammenarbeit mit Stellvertreter Josić (Name geändert) und einem Dritten. Er habe ihn verdächtigt, die Existenz der Strumpffabrik an uns verraten zu haben. Was die Frauen betreffe, so meinte einer emotionslos, habe die Freundin von Čulap noch Glück. Er betrachte sie als sein exklusives Eigentum, kein anderer dürfe sie anfassen. Die anderen hingegen seien den kroatischen Soldaten und übrigen Wächtern zur freien Benützung überlassen.

Die Verhältnisse im Lager von Čulap hielten sich im Rahmen des Üblichen. Es gab weitaus schlimmere Orte. Dies kann den Zeugenaussagen entnommen werden, die das Haager Kriegstribunal auf Tausenden von Seiten festgehalten hat. Wie demütigend und brutal die Insassen behandelt wurden, hing von verschiedenen Faktoren ab: von der Nähe zur Front, vom allgemeinen Ausmaß der Verrohung und Abstumpfung, vor allem aber von der Person des Lagerchefs. Es gab Hunderte von Lagern in Ex-Jugoslawien, in allen war die Ordnung der Welt auf den Kopf gestellt. Aber jedes schien spezifische Bräuche zu haben, eine individuelle Kultur, in denen sich Phantasie, Intelligenz und Vorlieben des Verantwortlichen widerspiegelten. Sowohl die Brutalitäten der Wächter als auch der Horror der ohnmächtigen Insassen trugen sein Brandzeichen. Er war der schwarze Demiurg.

Im nordostbosnischen Orašje erzählten mir serbische Gefangene, dass sie in den Pausen zwischen den Prügelorgien in Frauenkleidern für ihre Peiniger tanzen mussten. In anderen Camps zwang man männliche und weibliche Gefangene zu sexuellen Handlungen, in Anwesenheit der übrigen Insassen und zum Gaudi der johlenden und schlagenden Aufseher. In einem kroatischen Gefängnis hatte das IKRK einen Raum entdeckt, wo an serbischen Kriegsgefangenen mit chirurgischen Werkzeugen sexualperverse Folterungen begangen worden waren. Das von Serben geführte Lager von Luka wiederum war berüchtigt für seine krude Geradlinigkeit. Mit einem Fleischmesser wurde vielen Muslimen und Kroaten Nase, Ohren, Finger oder Genitalien abgeschnitten, bevor man ihnen die Kehle durchtrennte, um sie anschließend in den Fluss Save zu werfen oder in den Industrieöfen einer nahegelegenen Fabrik zu verbrennen, die vor dem Krieg Tierfutter hergestellt hatte.

Das Lager des Buffetburschen Čulap leistete einen vergleichsweise unbedeutenden Beitrag zur Enzyklopädie der menschlichen Grausamkeit. Eine Spezialität bestand darin, Gefangene niederknien zu lassen und so lange mit den Stiefeln in den Kopf zu treten, bis sie umkippten, und dann auf ihrem Körper herumzutrampeln. Eine andere, Gefangene Kopf voran in eine Mauer rennen zu lassen, einmal, zweimal, dreimal, angetrieben von Drohungen und Stockschlägen, bis sie blutig und ohnmächtig liegenblieben.

Bei unseren Besuchen zeigte sich Čulap gleichbleibend frohgemut. Er gab den unkomplizierten Kumpel, schwärmte von seiner Zeit in Bellinzona, schlug vor, dass man sich nach dem Krieg in der Schweiz treffen könnte, spazierte mit seiner Freundin händchenhaltend zum Wagen, um mit ihr einen kleinen Ausflug ins nächste Dorf zu machen. Er benahm sich, als hätten wir uns im Strandurlaub kennengelernt und wären in bester Ferienlaune. Überspielte er mit seinem frisch-forschen Auftritt ein schlechtes Gewissen? Schämte er sich, dass wir ihn bei seinen Grausamkeiten überrascht hatten? Ich hatte nicht diesen Eindruck. Er war schlau und ging davon aus, dass wir einiges über ihn und die wahren Verhältnisse im Camp erfahren hatten. Und er war realistisch genug, mit anderen Zeiten zu rechnen, in denen seine Taten wieder als kriminell und böse beurteilt würden, obwohl sich jetzt viele so wie er verhielten und er zudem nur ein kleiner Fisch war. Wir waren die Abgesandten dieser anderen Zeiten, und obgleich er wusste, dass wir keinerlei Sanktionsgewalt besaßen, schlüpfte er instinktiv in die Nachkriegsrolle des ahnungslosen Zeitgenossen.

Doch war sein Frohsinn nicht nur gespielt. Man merkte, wie ihn seine Wirkung auf die Gefangenen mit Genugtuung erfüllte, wie ihn ihre Todesangst leicht und beschwingt machte. Ein Blick von ihm genügte, und der andere fing an zu zittern. In keinem Moment schien er zu befürchten, dass seine Freundin das widerwärtige, offene Geheimnis ihrer Verbindung an uns verraten könnte. Er war sich seiner Macht über sie sicher und genoss neben dem frei verfügbaren Sex ihre willenlose Unterwerfung. Als sie einige Wochen später zusammen mit anderen Frauen und Kindern gegen ein Kontingent kroatischer Gefangener ausgetauscht wurde, hatte ich noch einmal Gelegenheit, kurz mit ihr zu reden. Sie saß bereits im Bus, der sie über die nahe Grenze in Sicherheit bringen würde. Mit keinem Wort, nicht einmal mit einer Geste oder einem Blick äußerte sie sich zu den Erfahrungen im Lager. Es gebe nichts zu sagen, meinte sie nur, nichts über die Wächter, nichts über Čulap. Auch dies gehört zu den Triumphen der Gewalttäter: dass sie ihre Opfer noch im Griff haben, auch wenn sie diese schon lange nicht mehr physisch kontrollieren können.

Wahrscheinlich werden Čulap und seine Kumpane den Krieg als beste Zeit ihres Lebens in Erinnerung behalten. Genau wie jene Taliban-Krieger, die ich drei Jahre später im afghanischen Ghazni traf. Sie hatten die Provinzhauptstadt vor kurzem eingenommen und sofort mit der Durchsetzung ihrer Ordnungsvorstellungen begonnen. Auf ihren Pick-ups patrouillierten sie durch die Gassen und peitschten Händler aus, die ihre Waren zu teuer verkauften, trieben mit Stockschlägen Frauen in ihr Haus zurück, weil deren Absätze beim Gehen Stöckelgeräusche verursachten, drohten dem Barbier, ihm die Haut aus dem Gesicht zu schälen, falls er nochmals einem Kunden den Bart rasiere. Ihren Auftrag bekamen sie von Gott, ihr Antrieb aber war unübersehbar weltlich. Sie badeten förmlich in der Verunsicherung und Unterwürfigkeit der Bevölkerung, und ihr paschtunischer Hochmut, dem Stamm der Arier anzugehören, dem schönsten und edelsten aller Stämme, wurde durch ihre damalige Aura der Unbesiegbarkeit gewaltig aufgebläht. Mit den verwegen gebundenen, schwarzen und weißen Turbanen, dem langen, im Fahrtwind wehenden Haar, den kühn und verächtlich blitzenden Augen, deren Glanz durch den mit schwarzem Kajal gezogenen Lidstrich verstärkt wurde, bildeten die jungen Eroberer eine einzige Parade männlicher Eitelkeiten.

Obwohl ihre Glaubensdoktrin das Abbilden von Menschen verbot, zögerte keiner eine Sekunde, wenn ich bat, sie fotografieren zu dürfen. Stolz warfen sie sich in Pose, in der einen Hand den Rosenkranz, in der anderen die Panzerfaust. Ghazni stand am Beginn ihres militärischen Aufstiegs, der sie bald zur stärksten Bürgerkriegsfraktion machen sollte, und ihr Handeln wurde noch geleitet durch gewisse Regeln, wie sie die islamische Rechtstradition für den Kampf vorschreibt. Aber es dauerte nicht allzu lange, und die Taliban unterschieden sich nicht mehr von den skrupellosen Milizen der zahlreichen Warlords des Landes. Sie richteten Zerstörungen an und begingen Scheußlichkeiten an Gegnern und Zivilbevölkerung, die weder eine militärische Rationalität hatten noch im Koran eine Rechtfertigung fanden, sondern sich allein dem Machtwahn und der Lust an der Grausamkeit verdankten. In ihren selbstherrlichen Auftritten in Ghazni hatte sich diese Entwicklung angekündigt.

In ähnlich gehobener Gemütsverfassung befanden sich die südsudanesischen Rebellen, denen ich zu Beginn der Neunziger begegnete. Sie kämpften seit Jahrzehnten gegen die Truppen der islamo-rassistischen Regierung Khartums, aber drangsalierten auch die eigene Bevölkerung und veranstalteten gelegentliche Massaker. Oder die Kosovo-Albaner, die im Frühjahr 1999 in der Schweiz, in Österreich, Deutschland, halb Europa aufgebrochen waren und im abgelegenen Norden Albaniens darauf warteten, von der Guerilla der nationalistischen UÇK abgeholt zu werden, um im Kosovo in den Krieg gegen die Serben zu ziehen: Die meisten waren jung und ohne jede militärische Ausbildung – sah man von Diskothekenschlägereien oder Messerstechereien ab, bei denen Einzelne von ihnen wohl schon praktische Erfahrungen gesammelt hatten. Auf der anderen Seite der in Sichtweite liegenden Grenze erwartete sie ein kampferprobter und wütender serbischer Gegner. Trotzdem war die Stimmung festlich erregt, aufgeladen mit einer fast körperlich spürbaren Energie. Immer wieder stimmten sie in patriotische Lieder ein, bluttriefende Hymnen voller abstoßender und faszinierender Kraft. Ich hatte das Gefühl, einer urtümlichen Veranstaltung beizuwohnen, einer alchemistischen Messe, in der alte Reißinstinkte angezapft und zusammen mit Rudelsehnsüchten, Heldenphantasmen und der Angst vor dem Sterben zu purer Kampfeslust vergoren wurden, zu einer Energie, die Bauhandlanger, Schlosserlehrlinge, Automechaniker in heilige Raubtiere verwandelte.

Ohne Gesänge, aber mit dem gleichen Enthusiasmus fallen seit zwanzig Jahren die Clans und Subclans in Somalia übereinander her. Große Teile der Hauptstadt Mogadischu, einst ein weißer architektonischer Traum aus italienischer Verspieltheit und arabischem Formempfinden am grünblauen Indischen Ozean, schossen sie in Schutt. Sie zerbombten alle Schulen, Spitäler, Fabriken, Meer- und Flughäfen, rissen die Stromleitungen aus den Mauern, zertrümmerten die Apparaturen, wuchteten die Aluminiumfassungen aus den Fensterrahmen und verscherbelten es als Altmetall. Sie schlugen ihre gesamte nationale Infrastruktur kaputt, und als Hungersnöte ausbrachen und Bilder von Kindern mit aufgeschwollenen Bäuchen, zündholzdünnen Beinchen und Fliegen auf den weit aufgerissenen Augen um die Welt gingen, raubten sie auch die westlichen Hilfsorganisationen aus, die ihnen Tausende von Tonnen an Nahrungsmitteln und Medikamenten überbringen wollten, gratis, inklusive Transport bis in die im ganzen geschundenen Land verteilten Abgabezentren.

Im Jahre 2004 unterhielt ich mich in Mogadischu sowohl

mit «freelance gunmen» oder «Mooryan», Banditen, wie man diejenigen nennt, die mit ihrer Kalaschnikow auf eigene Faust Whisky, Khat und Sex eintreiben, als auch mit Milizionären, die im Dienst ihres Clans Straßenzölle erpressen und mitten in der Stadt Artillerieduelle mit Rivalen austragen. Alle waren der Meinung, Mogadischu sei ein sehr guter Ort zum Leben. Anders als ich in Europa, seien sie frei und könnten tun, was sie wollten. Bei einem zweiten Besuch drei Jahre später brachen im Westen der Stadt gerade wieder heftige Gefechte aus. Von der Hotelterrasse aus beobachteten wir die in den Himmel steigenden Rauchpilze der einschlagenden Granaten. Mein Übersetzer meinte, er habe ein paar Bekannte, die dort am Kämpfen seien, und ich sagte ihm, ich würde gerne ein Interview mit einem von ihnen machen. Er griff zum Handy, und vierzig Minuten später stand einer dieser drahtigen und zähen Gestalten vor uns, direkt von der Front, die Kalaschnikow hatte er am Hoteleingang abgegeben. Er machte einen aufgeräumten, beflügelten Eindruck, seine Schilderungen von den Häuserkämpfen klangen wie Fußballberichte, und als wir uns wieder verabschiedeten, schien er es kaum erwarten zu können, wieder in die Todeszone zurückzukehren.

Ein Clan oder Subclan kann dem anderen eine Straßenzeile, ein Stadtviertel, ein Stück Land im fruchtbaren Shabelle-Tal entreißen, aber keiner der fünf oder sechs Clanfamilien des Landes ist mächtig genug, um die anderen zu besiegen. Allen ist dies klar, und trotzdem wird weitergekämpft. Die koloniale Vergangenheit mag das Chaos begünstigt und die Einmischung ausländischer Mächte, ob militärisch oder karitativ, mag es verlängert haben, aber sie haben es nicht verursacht. Es ist die Lust am Kampf an sich, die Freude an der Zerstörung, am verheerenden Racheschlag, am gelungenen Beutezug, welche die somalischen Kämpfer beseelt. Erst die allseitige Erschöpfung, die menschliche und materielle Ausblutung wird das Töten beenden und die traditionelle Politik wieder ermöglichen, wo die Alten und Notabeln in endlosen Versammlungen die Ansprüche der verschiedenen Clans, deren Neid, Misstrauen, Begehrlichkeiten in einer stets gefährdeten Balance zu halten versuchen.

Eine Feier der schwarzen Lust am Bösen fand 1994 auch im afrikanischen Ruanda statt. Zwei Jahre nach Erscheinen von Fukuyamas Bestseller machte sich der Mehrheitsstamm der Hutu in einer eigenen, monströsen Interpretation vom Ende der Geschichte daran, das Volk der Tutsi auszulöschen. Hutu und Tutsi haben dieselbe Sprache, dieselbe Religion, dieselben Bräuche, und Ruanda galt als die Schweiz Afrikas, ein kleines Land mit fleißigen Leuten, relativ wohlhabend, verhältnismäßig wenig korrupt, seit kurzem auf Druck des Westens ein Mehrparteienstaat. Die Verwandlung von braven Ackerbauern, Krämerladenbesitzern, Schulinspektoren, Pfarrern in Massenmörder geschah schnell und reibungslos. In drei Monaten brachten sie gegen eine Million Tutsi um. Sie töteten sie einzeln, meist mit einer Machete, manchmal mit einer Axt oder einer Keule. Leute mit Flair für Statistik haben vorgerechnet, dass es der effizienteste Genozid der Geschichte war, mit einer höheren Tötungskadenz als der hochentwickelte Nazistaat mit seiner elaborierten Bürokratie, seinem Eisenbahnnetz, seinen Maschinengewehren und Gaskammern.

Bisher waren es Staaten gewesen, die Völkermorde begangen hatten. In diesem Fall war es, unterstützt, aber nicht gezwungen von Regierung und radikalen Milizen, die Bevölkerung selbst. Die meisten beteiligten sich an der Vernichtung, die sie Arbeit nannten. Früher als sonst, um sechs Uhr, stand man auf, nahm ein herzhaftes Frühstück zu sich, ging zum lokalen Versammlungsplatz und machte sich auf die Jagd nach den «Kakerlaken», wie sie die Tutsi nannten. Man zerhackte das befreundete Nachbarspaar, ließ den Sohn an dessen Kindern üben, erschlug die eigene Tutsi-Ehefrau, verfolgte die Flüchtenden bis in die letzten Winkel der Wälder und Sümpfe. Um 16 Uhr signalisierte der Pfiff einer Trillerpfeife den Feierabend, und auf dem Heimweg plünderten sie die Häuser der Getöteten, um sich danach das Blut und den Dreck abzuwaschen und ausgiebig zu essen und zu trinken, um für den morgigen Tag wieder bereit zu sein.

Der Schock auf die Nachrichten aus der Hölle war noch nicht überwunden, als die westlichen Experten, Afrikakenner, Entwicklungssoziologen, Sozialpsychologen, von denen keiner die Ereignisse vorausgesehen oder nur mit einem der Akteure geredet hatte, ihre Ferndiagnosen ablieferten. Die meisten gaben wie üblich, wenn sich Schwarze umbrachten, den Weißen die Schuld, in diesem Fall der ehemaligen Kolonialmacht Belgien, die während vier kurzen Jahrzehnten das Land verwaltet hatte. Diese erst habe den Rassismus in Ruanda eingeführt, indem sie die Tutsi bevorzugt und damit einen giftigen Unterlegenheitskomplex bei den Hutu erzeugt hätten. Andere erklärten die Überbevölkerung zur Ursache, während der Schweizer Schriftsteller Lukas Bärfuss in seinem Roman *Hundert Tage* eine dritte Möglichkeit durchspielt.

In der mit Preisen überhäuften Geschichte räsoniert der Protagonist, ein ehemaliger Schweizer Hilfswerk-Angestellter in Ruanda, über die Schuld seines Heimatlands am Gemetzel. Ordnung, Zuverlässigkeit, Fleiß, diese helvetischen Kardinaltugenden, «unser Stolz», hätten sie während dreißig Jahren ins «Herz des schwarzen Kontinents» getragen und gelehrige Schüler gefunden. Doch sie hätten übersehen, «dass jeder Völkermord nur in einem geregelten Staatswesen möglich ist», denn nichts «liebt das Böse mehr als den korrekten Vollzug einer Maßnahme, und darin, das muss man doch zugeben, gehören wir zu den Weltmeistern». Obwohl deutlich als Fiktion deklariert, wurde das Buch vom Feuilleton mehrheitlich als analytischer Text, als Kritik an Hilfswerkindustrie und westlicher Herrenmentalität gelesen und gelobt: «eine kluge, differenzierte Darstellung des Versagens europäischer Politik» *(Süddeutsche Zeitung)*; «akribisch recherchiert, politisch positioniert», eine gelungene Antwort auf die Frage nach dem «Schuldanteil der Schweiz am Völkermord» *(Frankfurter Rundschau)*; Ruandas Genozid «in Wahrheit ein schrecklicher Triumph Schweizer Ordnung und Rechtschaffenheit» *(Tages-Anzeiger)*.

Keiner der Expertengilde machte hingegen die Täter selbst verantwortlich oder forschte konkret nach Motiven ihres Tuns. Damit reihten sie sich, ohne es zu wollen und ohne es selbst zu bemerken, in die Meinungstradition eifernder Missionare, arabischer Sklavenhändler und weißer Kolonialisten ein: Schwarzafrikaner sind unmündige Geschöpfe, große Kinder oder, weniger säuselnd ausgedrückt, halbwilde Buschmenschen, von denen man nichts anderes erwarten durfte.

Aber war es wirklich Rassismus, der die Ruanda-Deutungen prägte? Wohl eher nicht. Er mag in versteckter, umgedrehter Form eine Rolle gespielt haben, als Resultat einer vorauseilenden Hyperkorrektheit der westlichen Experten. Denn einer jener Vorwürfe, den die Kommentatoren am meisten fürchten, ist der der rassistischen Voreingenommenheit. Als bedrohlicher Kommentar des Kommentars begleitet er, zumeist ungeschrieben, aber zwischen den Zeilen lesbar, alles Nachdenken über verschiedene Kulturen und Ethnien. Wen der Schatten eines Verdachts trifft, läuft Gefahr, im Hahnenkampf um die intellektuelle Meinungsführerschaft als beruflicher und charakterlicher Lump disqualifiziert zu werden. Um dieses Risiko auszuschließen, machten viele von vorneherein einen diskursiven Bogen um die sehr realen Mörder.

Doch der Grund für die analytisch blinden Flecken liegt tiefer. Das spätmoderne Weltbild ist wenig geeignet, die Ungeheuerlichkeiten in Ruanda zu begreifen. Wie sollte sich das für Politik zuständige Kommentariat erklären, dass während drei Monaten Hundertausende von Zivilisten jeden Morgen aufstanden, um ihre Nachbarn zu jagen, mit einer Selbstverständlichkeit, wie sie zuvor ihre Felder bestellt oder ihre Büroarbeit erledigt hatten? Wie sollten sie dies in Übereinstimmung bringen mit ihrer Überzeugung, dass das Böse eine akzidentelle Erscheinung, eine Folge unglücklicher Umstände, aber keine autochthone Kraft sei? Die Entmündigung der *génocidaires*, die kulturellen Selbstbeschuldigungen, die Ausflüge in empirie- und geruchsfreie Theoreme waren eine spontane Reaktion, um den Glauben an eine letztlich rationale und gutartige Humannatur vor der Zersetzung durch die Dämonen zu retten.

Eine Ausnahme in jeder Hinsicht bildet das Buch *Zeit der Macheten* des Journalisten Jean Hatzfeld. Der Franzose, der aus dem Bosnienkrieg berichtet hatte und Ruanda aus eigener Anschauung kannte, interviewte einige Jahre nach dem Genozid eine Gruppe von Tätern, eine Freundesclique aus der Gemeinde Nyamata südlich der Hauptstadt Kigali. Früher hatten sie sich in denselben Kneipen getroffen, dann waren sie gemeinsam auf Menschenjagd gegangen, und nun waren sie in einem Lager für mutmaßliche Kriegsverbrecher eingesperrt. Einer der zehn Kumpane wartete auf seine Hinrichtung, die anderen auf ihre Freilassung. Von den 59 000 Tutsi der Gemeinde waren 50 000 umgebracht worden. Hatzfeld wollte in den Kopf des Monsters hineinschauen. Er wollte alles wissen: Warum habt ihr getötet, wie war das erste Mal, was habt ihr dabei gedacht, wie und wo habt ihr getötet, wie haben die Opfer reagiert, bereut ihr eure Taten?

Das Resultat dieser wochenlangen Gespräche ist ein einzigartiges Menschheitsdokument, eine erschütternde Ausfaltung der Ursünde. Hatzfeld traf die zehn Freunde in guter körperlicher und seelischer Verfassung an und stellte fest, dass sie keine Gewissensbisse zeigten. Eher bedauerten sie ihre momentane Lage als Opfer, ohne dass sie jedoch jemand anderen als sich selbst dafür verantwortlich machten. Weder versuchten sie die Schuld an ihren Untaten auf irgendwelches historisches Unrecht oder soziale Benachteiligungen abzuwälzen, noch versteckten sie sich hinter Befehlszwängen. Sie erzählten vielmehr, wie erstaunlich leicht ihnen der erste Mord fiel. «Auf dem Marktplatz kam ein Mann auf mich zugelaufen. Er kam von Kayumba herunter, war völlig außer Atem und panisch vor Angst. Bei seiner Flucht achtete er nur auf das, was direkt vor ihm lag: Mich sah er nicht. Ich kam den Hang, hoch und im Vorbeigehen habe ich ihm eins mit der Machete an den Hals gegeben – direkt auf die besonders verletzliche Schlagader. Das ist einfach so über mich gekommen, ohne dass ich mir dabei etwas gedacht habe. Der Herr war leicht zu treffen, weil er überhaupt keinen Widerstand leistete. Er hat noch nicht einmal den Ansatz einer Bewegung zum Schutz gemacht und ist einfach umgefallen, ohne zu schreien und ohne zu wimmern. Ich habe nichts gespürt und habe ihn da liegen gelassen.»

Sie philosophierten sachlich über die Werkzeuge des Tötens – «Die Keule richtet mehr Brüche an, aber die Machete entspricht uns mehr. Der Ruander ist mit der Machete seit seiner Kindheit vertraut. Es ist stets ein und dieselbe Bewegung für mehrere Nutzanwendungen, so dass man nie etwas falsch machen kann. Das Eisen sagt keinen Ton, ob du es nun benutzt, um einen Zweig, ein Tier oder einen Menschen zu zerschneiden»; sie lobten ihr Teamwork – «Innerhalb der Clique bestand ein guter Gemeinschaftsgeist; wir vereinbarten gemeinsam die neuen Aktivitäten, wir stimmten uns ab, an welchen Orten wir arbeiten gingen, und wir unterstützten uns gegenseitig als echte Kameraden»; und alle beschrieben die damalige Zeit als ein einziges Fest. «Das war schweißtreibend und zugleich eine Ablenkung, es war wie ein unvorhergesehenes Volksvergnügen.»

Die Plünderungen verschafften ihnen unbeschränkt Fleisch, Bier, Wellblech, Transistorradios und neue Kleider für die zufriedenen Ehefrauen; sie hatten Sex mit den hübschen Tutsi-Mädchen, die sie in den Sümpfen aufgestöbert hatten, bevor sie sie lachend zerhackten; sie wurden umso grausamer, je länger das Jagen dauerte, denn sie hatten «am Töten Geschmack gefunden. Sie brauchten es wie einen Rausch, waren abhängig davon wie einer, den es immer mehr zur Flasche zieht»; und sie wussten die ganze Zeit, dass sie Böses taten, «dass Christus bei diesem Unternehmen nicht auf unserer Seite war». Aber «aufgrund des vielen Tötens, des vielen Essens und der vielen Plünderungen platzten wir förmlich vor Wichtigkeit, so sehr, dass wir auf die Existenz Gottes pfiffen».

Hatzfelds Studie hält keine der routinierten Tröstungen bereit. Die Täter sind weder sadistische Psychopathen noch empathisch Gestörte, die Mehrzahl hegte nicht einmal eine spezielle Abneigung gegen Tutsi, und sie sind alles andere als ein Haufen Vorzivilisierter. Ihre Sprache ist differenziert, und sie äußern ihre Gedanken anschaulich und überlegt. Sie sind normale Mitmenschen, für deren Handeln es keine andere Erklärung gibt außer einer: Sie haben den Pakt mit dem Teufel geschlossen. Weil er ihnen Rausch und Lust und Vergnügen verschaffte, und weil sie glaubten, ungestraft davonzukommen. Ihr Handeln ruft in Erinnerung, dass Ordnungen jederzeit zusammenbrechen können, und es zeigt, dass die Bereitschaft, elementare moralische Grenzen zu durchbrechen, nicht abhängig ist von Bildung und Tischmanieren. In Ruanda flüchteten die Verfolgten in die Kirche. Der katholische Priester, ein Hutu und *habitué* in den gehobenen klerikalen Kreisen von Rom und Paris, segnete die betenden, schlotternden und weinenden Versammelten, schloss das Portal von außen ab, trommelte einen Trupp Machetenträger zusammen und kehrte mit ihnen zum Gotteshaus zurück.

Vernunft
und
Voodoo

Es ist eine der Illusionen des Westens, seine Menschenrechts-
gesinnung, seine Dialogdiplomatie, seine Tugenden der
Therapiekultur würden bei den afrikanischen, arabischen,
asiatischen Clangesellschaften, bei den unzimperlichen au-
ßereuropäischen Aufsteigernationen oder nur schon bei den
süd- und osteuropäischen Völkern Respekt oder gar Bewunderung hervorrufen. Sie werden vielmehr als Zeichen der
Verweichlichung und Schwäche ausgelegt, die man auszu-
nützen versucht, um die eigene Macht und Gewinnchance zu
optimieren. Die Idee, die Armee abzurüsten, würde als Auf-
forderung zum Selbstmord verstanden, man stellt die Legiti-
mität der Kriegerkaste nicht in Frage, auch wenn sie gegen
die eigene Bevölkerung vorgeht, und man ist stolz, wenn die
Nachbarstaaten vor der Zerstörungskraft des eigenen Waf-
fenarsenals zittern.

In den meisten Gegenden dieser Erde wird der Krieg als
unvermeidlicher Menschheitsbegleiter angesehen. Man kann
ihn gewinnen oder verlieren, aber man kann ihn nicht abschaffen. Besser ist es, ihn zu gewinnen. Wie man dies be-
werkstelligen könnte, beschäftigt seit je Staatenlenker und
Berufsdenker. Zu ihrer Standardlektüre gehört bis heute *Die
Kunst des Krieges* von Sun Tzu. Geschrieben im 6. Jahrhundert v. Chr., legt darin der chinesische Philosoph und Hof
minister die intelligentesten Strategien vor, den Feind zu vernichten. Der virtuoseste Stratege sei derjenige, meint Sun
Tzu, der so klug plane, dass er gar nie kämpfen müsse. Aber

auch für einen Sieg ohne Schlacht brauche es militärische Stärke – als Drohung, Abschreckung, Signal der Kampfbereitschaft. Der einzige Weg, einen Krieg abzuwenden, bestünde darin, sich auf ihn vorzubereiten. Der sicherste Weg hingegen, einen Krieg auf sich zu ziehen, sei eine Politik, die auf die Mittel einer kriegerischen Auseinandersetzung grundsätzlich verzichte. Denn früher oder später, so der Militärtheoretiker Clausewitz 2300 Jahre nach Sun Tzu, würde jemand mit einem scharfen Schwert auftauchen, und wenn man nicht gewappnet sei, hacke er einem die Arme ab.

Wer wie die Mehrheit der Leute nicht die Zeit und die Position hat, sich mit Fragen der Politik und der Strategie zu befassen, der bereitet sich auf andere Weise auf den Krieg vor. Die Völker aller Epochen halten seine Schrecken in Erinnerung, damit sie immerhin gefasst sind, wenn er denn erneut über sie hereinbricht. Wie zum Beispiel die Khmer im heutigen Kambodscha, deren überlieferten buddhistischen Weissagungen des *Puth Tumniay* vor einem kommenden schwarzen Zeitalter warnten, wo Banditen die Welt regierten; die Städte geleert würden; wo die Leute solchen Hunger litten, dass sie einem Hund nachrennen und mit ihm um das Reiskorn kämpfen würden, das sich im Fell seines Schwanzes verfangen hat; wo die Priesterschaft ausgelöscht würde und ein Dämonenkönig käme, der die Leute glauben mache, Falsch sei Richtig, Schwarz sei Weiß, Gut sei Schlecht. Als in den Siebzigern des letzten Jahrhunderts unter dem Kommunisten Pol Pot genau dies eintrat, konnte die im traditionellen Glauben lebende Mehrzahl der Leute den Albtraum nicht nur einordnen, sie hatte auch den winzigen Trost der Hoffnung, dass er nicht das Ende der Welt bedeute. Dem Reich des Dämonenkönigs, so die Weissagungen, sei eine kurze Dauer beschieden.

Nur die reichen Nationen Europas und zunehmend auch die Eliten der Vereinigten Staaten schauen auf ihre martialen Wächter hinab. Sie gelten als Troglodyten, als Angehörige einer unterentwickelten Spezies, in deren Reihen man den eigenen Sohn lieber nicht sehen möchte. Wechselten beispielsweise im Jahre 1956 noch vierhundert Absolventen der renommierten amerikanischen Princeton University zur Armee, waren es fünfzig Jahre später nur noch neun. Während in Indien oder Pakistan die Leute nach erfolgreichen Atombombentests spontan auf die Straßen gingen, um zu feiern und zu tanzen, bringt man im Westen den Kindern bei, Bomben, Gewehre und Imponiergehabe, Gewalt jeder Art zu verabscheuen. Am liebsten sähe man das Militär als uniformierte Hilfsorganisation, als transkonfessionelle Heilsarmee, die Sandsäcke gegen Überschwemmungsfluten stapelt, Schulen und Spitäler in der Dritten Welt baut oder marodierenden Kalaschnikow-Gangs Kurse in humanitärem Völkerrecht erteilt.

Immer mehr Westler scheinen vergessen zu haben, dass ihre Träume einer bunten und geschwisterlichen Weltzivilisation, ihre Friedensforschungsinstitute und Menschenrechtsorganisationen aufs Innigste mit der tödlich überlegenen Feuerkraft ihrer Armeen, vorab der amerikanischen, verbunden sind. Die waffenstarrenden Steinzeitmenschen der Nato schützen die strategischen Seefahrtsrouten, überwachen den internationalen Luftraum, bilden die Sicherheitskräfte fragiler Rechtsstaaten aus. Kaum sichtbar, aber wirksam fungieren sie als äußerster Abwehrring der Demokratien gegen machthungrige Regimes und totalitäre Abenteurer und tragen dazu dabei, Wohlstand, Freiheit und Recht auf Anderssein, wie man es noch nie vorher gekannt hat, zu bewahren. Hervorgegangen aus langen, blutigen Bürgerkriegen, sind die modernen liberalen Verfassungsstaaten ein politisches Wunder und eine historische Anomalität, ein regionaler Etappensieg des Genius des Menschen über die eigene Natur. Sie existieren erst seit kurzem, und ihr Fortbestehen ist alles andere als gewiss.

Sie sind gekennzeichnet durch einen angeborenen Widerspruch: das demokratische Paradox. Ihre Leistung, die Neigung zu roher Gewalt in institutionell geregeltes Handeln zu übersetzen, war eine Voraussetzung für den atemberaubenden wirtschaftlichen, politischen und geistigen Erfolg des Westens. Gleichzeitig verringerte sich mit dem Verschwinden von Willkür und Pauperismus die allgemeine Bereitschaft, das Leben aufs Spiel zu setzen, um ebenjene Ordnung zu verteidigen, die ein Leben in Wohlstand und Sicherheit erst ermöglichte. Die mentale Gewöhnung an den domestizierten und pazifierten gesellschaftlichen Verkehr erzeugte eine prinzipielle Ablehnung von Brachialmethoden, begünstigte utopische Politikmodelle und ermöglichte die Ausbreitung einer kulturalistischen Weltauffassung.

Diese begreift menschliches Verhalten als Variable des jeweiligen gesellschaftlichen Kontextes, volatil und im steten Wandel wie dieser selbst, ohne eigenes Gewicht und fast beliebig form- und lenkbar. Werte sind relativ, es gibt kein Gut und Böse, und die einzige Wahrheit ist, dass es keine verbindliche Wahrheit gibt, weshalb es sich auch nicht lohnt, die eigene zu verteidigen. «Ich bin o. k. – du bist o. k.» ist die aus der schwiemeligen Psychotherapieszene der sechziger Jahre hervorgegangene Kernphilosophie des kulturalistischen Relativismus. Wer entgegen dieses wolkigen Tableaus die Überlegenheit der eigenen Tradition oder auch nur die Unvereinbarkeit gewisser Kulturkreise behauptet, wie Fukuyamas intellektueller Konterpart Samuel P. Huntington in seiner

Abhandlung *The Clash of Civilisations*, gerät ins Zwielicht geistiger Brandstifterei. «Huntington beschreibt nicht den Krieg der Kulturen, sondern es ist eine Kriegserklärung an andere.» (Dieter Kramer, *Zeitschrift für Kulturaustausch*, 44/4, 1994, S. 463.) Es existiert nur Diversität, eine globale Palette verschiedener, aber gleichberechtigter kultureller Ordnungen und Realitätsentwürfe. Diese Vielfalt zu akzeptieren bedeutet Weltoffenheit; sie zu bejahen zeugt von gelebter Toleranz; im Namen eines abstrakten Weltethos für sie einzustehen ist der einzig zulässige moralische Imperativ.

Wie jedem Individuum oder Kollektiv fällt es auch dem postmodernen Westen schwer, eine andere als die eigene Art zu denken und zu empfinden, sich vorzustellen. Man neigt zur Auffassung, der Rest der Welt möge sich zwar auf verschiedenste Arten ausdrücken, teile aber letztlich, selbst wenn es noch nicht ganz alle realisiert hätten, dieselbe Vorliebe für friedliche Koexistenz und rationale Analyse von Ereignissen. Dass es Gesellschaften geben könnte, die über modernste Technologien gebieten und gleichzeitig in einem magischen Wirklichkeitsbezug leben, liegt ebenso jenseits des Ausdenkbaren wie die Idee, es könnten politische oder religiöse Gruppen am Werk sein, deren einziger Daseinszweck der unbedingte Wille zur Auslöschung einer anderen Gruppe ist. Der Blick aus der sicheren relativistischen Distanz, dem alle Dinge gleich wahr, also gleich unscharf und unbedeutend scheinen, reduziert Moralgesetze nicht nur zum folkloristischen Accessoire und menschliche Freiheit zur zufälligen Laune, er unterschätzt auch die evolutionsgeschichtliche Hardware, das Humanerbe animalischer Reflexe, das mächtige Reservoir an aggressiven Affekten und Impulsen.

Jede Kultur wird von der Lust an der zivilisatorischen

Transgression belauert, auch jene, die gerade eine idyllische Phase durchläuft. Um sich dies zu vergegenwärtigen, braucht man nicht Bürgerkriegsstädte wie Vukovar, Kabul, Mostar, Monrovia oder Mogadischu gesehen zu haben, deren Grad an Zerstörung sich einer Leidenschaft verdankte, die weit über militärische Rationalität hinausging. Es genügt, die Inbrunst zu beobachten, mit der Fußballhooligans aufeinander losgehen oder Politkrawallanten Geschäfte verwüsten, Autos abbrennen, Ordnungskräfte mit Wurfgeschossen eindecken, in Seitenstraßen verschwinden und an einem anderen Ort wieder auftauchen. Den Schlägern geht es nicht in erster Linie um die Anhänger des verhassten gegnerischen Clubs oder um die Symbole einer dämonisierten Ordnung. Es geht um die Aktion an sich, um die aufgepeitschten Sinne, die Intensität des Rudelkampfes, um den Hass und die Lustangst und die Erregung beim Niederreißen gesellschaftlicher Barrieren. Die Auffassung, die Kräfte der Destruktion seien eine Art Fehlverhalten, das mit sozialpädagogischen Remeduren und Umbenennungen zum Verschwinden gebracht werden könnte, ist der Voodoo der aufgeklärten Eliten.

Sind
Attentäter
verzweifelt?

An einem wunderschönen Spätsommermorgen im Jahr 2001 rasten zwei Passagierflugzeuge in die beiden Türme des New Yorker World Trade Center und brachten sie zum Einsturz. Fast gleichzeitig krachte einige hundert Kilometer südlich ein weiteres Flugzeug in das Pentagon, das amerikanische Verteidigungsministerium. Ein vierter Flieger, wahrscheinlich mit Kurs auf das Weiße Haus, stürzte etwas östlich bei Pittsburgh auf einen Acker und zerschellte. Rund 3000 Menschen wurden getötet, die meisten in den zusammenbrechenden Türmen, wo sie verbrannt und zermalmt wurden, um zusammen mit den Beton-, Plastik-, Metallpartikeln als gigantischer Staubturm wieder in den Himmel hochzusteigen und sich schließlich als dichter Ascheregen auf die Häuser, Straßen, Bäume und Passanten von Manhattan zu senken.

Die überrumpelten Geheimdienste stellten nach fieberhaften Recherchen schnell fest, dass es sich um koordinierte Terroranschläge handelte. Vier Kommandos muslimischer Selbstmordattentäter hatten als normale Passagiere eingecheckt, nach Abflug die Piloten getötet, vermutlich mit Teppichmessern, die Maschinen übernommen und als handgesteuerte Kerosinbomben in die Zielobjekte gelenkt. Alle neunzehn Todesflieger waren Araber, erfuhr man, Abgesandte des Netzwerks Al Kaida, einer Vereinigung, die sich dem Heiligen Krieg gegen Amerika oder gegen den Westen oder gegen die Ungläubigen verschrieben hatte – so genau wusste es niemand. Außer einigen Nahostspezialisten war diese Organisation der amerikanischen und europäischen Öffentlichkeit bis dahin ebenso wenig geläufig gewesen wie deren Führer, ein reicher Saudi namens Osama Bin Laden, der sich irgendwo im fernen und vergessenen Afghanistan aufhalten solle.

Das Ereignis war ein tiefer Schock. Noch heute können sich die meisten Menschen im Westen erinnern, wo sie sich gerade aufhielten, als sie die Nachricht von den Anschlägen vom 11. September 2001 erreichte. Erstmals seit der Eroberung von Washington 1814 durch die Briten waren die Vereinigten Staaten auf eigenem Festland angegriffen worden, dazu mitten in der Weltmetropole New York, dem Symbol und Nervenzentrum der mit jugendlichem Selbstvertrauen und Zuversicht imprägnierten Nation. Mit einem Schlag waren einige Tausend Menschen ausgelöscht worden, Sekretärinnen, Computerspezialisten, Putzpersonal, Maklerinnen, friedliche Leute an ihrem Arbeitsplatz. Und es gab keine Erklärung für den Massenmord. Die Angreifer hatten kein Bekennerschreiben, kein Manifest, keinerlei Hinweis auf ihre Motive hinterlassen. Wie gebannt saßen Hunderte Millionen von Menschen während Tagen vor dem Fernseher, in der Hoffnung, mehr über die Täter zu erfahren, und in der Angst vor weiteren Anschlägen. Hinter der Aktion, für die lange niemand die Verantwortung übernahm, war weder eine politische noch eine militärische noch sonst eine nachvollziehbare Zweckmäßigkeit erkennbar.

Das Phänomen des Selbstmordattentats war zwar nicht neu. In den Siebzigern hatten extremistische Palästinenser damit begonnen, Kämpfer zu Lebendbomben aufzurüsten und gegen amerikanische und israelische Einrichtungen und schließlich auch israelische Zivilisten einzusetzen. Die Anschläge waren im Lauf der Zeit immer brutaler und skrupelloser geworden, und unter denjenigen, die im vollbesetzten Bus oder im belebten Straßencafé in Tel Aviv die an ihrem Körper angebrachte Sprengladung zündeten, befanden sich immer häufiger auch Jugendliche und junge Frauen, einmal auch ein geistig Behinderter. Aber diese Vorgänge spielten sich in einer fremden Kultur auf fremdem Boden ab und gingen den Leuten im Westen nicht wirklich nahe. Und so scheußlich jene Anschläge auch waren, schienen sie doch einer gewissen Rationalität zu gehorchen. Das mächtige Israel, so die vorherrschende Meinung, unterdrücke die schwachen Palästinenser, welche sich dagegen auflehnten und in ihrer Ausweglosigkeit und orientalischen Heißblütigkeit manchmal übers Ziel hinausschossen. Würde Israel auf die besetzten Gebiete verzichten und den Palästinensern einen eigenen Staat zugestehen, kämen diese endlich zur Ruhe, und die Gewalt würde der diplomatischen Vernunft weichen.

Die Männer des 11. Septembers hingegen trugen ihre rätselhafte Mission weit über ihre Heimat hinaus, um mit den Vereinigten Staaten ein Land zu attackieren, das in den eigenen Herkunftsländern Saudi-Arabien, Ägypten, Libanon, den Emiraten weder Land besetzte oder Leute einsperrte noch Bomben abwarf. Besonders Saudi-Arabien unterhielt lange und enge Beziehungen zu Amerika, dessen technisches und wissenschaftliches Know-how entscheidend dazu beitrug, einen archaischen Beduinenstaat innerhalb weniger Jahrzehnte in eine Hightech-Ölnation zu verwandeln, so immens reich, dass deren Angehörige nicht mehr selber zu arbeiten brauchten. Warum hatten die Araber ihr Leben geopfert, um möglichst viele Unschuldige mit in den Tod zu nehmen? Das Massaker ergab keinen Sinn. Es war, als seien die Naturgesetze außer Kraft gesetzt worden. Das Vertrauen in die Verlässlichkeit der Welt war erschüttert, alles konnte einem jederzeit zustoßen.

Umso heftiger wurde versucht, die gerissenen Fäden zwischen Ursache und Wirkung, das Netz vertrauter Kausalbeziehungen neu zu knüpfen. Kaum war die Kondolenzzeit abgelaufen, und spätestens als sich eine Kriegskoalition unter Führung der Amerikaner daran machte, das den Terrorscheich Bin Laden beherbergende Taliban-Regime in Afghanistan zu stürzen, wurde der traumatische Bruch im konventionellen Narrativ wieder geschlossen.

«Was macht einen Selbstmordattentäter aus?», lautete die bohrende Frage, die sich auch John Berger gestellt hatte und zur Antwort fand, es sei eine «bestimmte Art von Verzweiflung. Oder genauer gesagt, das Streben, über die Verzweiflung hinauszugehen, indem er sein Leben einsetzt und so der Verzweiflung einen Sinn gibt.» (John Berger, in: Arundhati Roy, *Die Politik der Macht*, München 2002.) Woher aber rührt die Verzweiflung? Sie befalle jene, so der in Südfrankreich wohnende Schriftsteller und Kunstphilosoph, die in «Verhältnissen leben, die keinen anderen Gedanken zulassen. Zum Beispiel jahrzehntelang in Flüchtlingslagern zu leben.» Und wer ist schuld an diesen Verhältnissen? Letztlich die «Globalisierung», weiß Berger, die «neue Weltwirtschaftsordnung», welche «die Armut in der Welt ausbreitet», und nach der es «das höchste Ziel des Menschen ist, Profit zu machen». Der theoretische Ursprung dieses «neuen, säkularen Fanatismus», mit dem gewöhnlich «Hochmut und Ignoranz» einhergingen, liege in «gewissen größenwahnsinnigen Chicagoer Denkfabriken», deren «Symbol», das World Trade Center, an jenem Morgen im September zusammenkrachte.

Auch Jean Baudrillard glaubte in der Globalisierung, womit er wie Berger den amerikanischen Kapitalismus meint, die wahre Verursacherin der Zerstörungswut ausgemacht zu haben. «Es wäre ein Irrtum», schrieb der französische Denker in einem Essay, «diese Ausbrüche» – ob gewalttätig wie in den September-Anschlägen, ob kollektiv in Form von religiös-ethnischer oder ob individuell in Form von neurotischer Verweigerung – «als populistisch, archaisch oder gar terroristisch zu verurteilen.» Dies seien vielmehr unweigerliche Reaktionen auf die «Mission des Westens», der den Rest der Welt mit seiner «undifferenzierten Universalkultur», seiner «fundamentalistischen, homogenisierenden, zersetzenden Macht», seinem «Selbsthass» zu infizieren und dem «unerbittlichen Gesetz der Äquivalenz zu unterwerfen» sucht.

In Baudrillards Auffassung agieren die Massaker-Islamisten als metaphysisch-dadaistischer Edeljoker, als anarchistische Spieler, die den totalitären Ordnungsanspruch der Ökonomie, die «abstrakte Universalität» unterlaufen und als «Singularitäten» wie die Kunst oder noch ungezähmte Kulturkreise ein eigenes Realitätsprinzip, eigene Spielregeln erfinden. Der Terrorismus, «in seiner Absurdität und seinem Nicht-Sinn», sei «das Urteil und die Strafe, die diese Gesellschaft über sich selbst verhängt.» (‹Der Terror und die Gegengabe›, in: *Le Monde diplomatique*, November 2002.)

In der Begrifflichkeit weniger raunend, aber in der Sache übereinstimmend, fiel auch die Diagnose von Horst-Eberhard Richter aus: «Terrorismus ist ein Produkt destruktiver Abhängigkeit, eine entstellte Form der Globalisierung.» Auf der einen Seite sah er den «Egoismus des Westens», entartet zu einer «rücksichtslosen, nie dagewesenen Machtrivalität», blind für die Wahrheit, dass nur ein «gerechtes und faires Teilen» Sicherheit bringen könne. Auf der anderen Seite erblickte er die «verarmten Massen» in den islamischen Ländern, um deren «Seelenlage» sich der Westen nicht kümmere, aus deren «Demütigung und Unterdrückung» jedoch Hass erwachse und die Obsession, «für den eigenen Gott und gegen das Reich der egoistischen Selbstvergötterung bis zur märtyrerhaften Selbstaufopferung zu kämpfen».

Richter, einer der angesehensten Psychiater und Friedenspublizisten Deutschlands, erspürte in den Anschlägen aber durchaus therapeutisches Potential. Die Attentäter, «eine kleine Schar nur mit Messern bewaffneter Verschwörer», in Richters Perspektive offenbar eine Art Hilfstruppe unfreiwilliger Barfußärzte, hätten dem Westen die Brüchigkeit seines «Stärkekults», seiner vermeintlichen «Beinahe-Allmacht» vorgeführt, die er mit «den beiden gigantischen Türmen in Manhattan symbolisch» demonstrieren wollte. Damit der Patient von der Intervention profitieren könne, müsse er sich allerdings umbesinnen, «dialogfähiger» werden, «neues Zuhören erlernen», um sich endlich von der «Krankheit der gemeinsamen Megalomanie zu kurieren, die an der gewaltträchtigen Unordnung der Welt die Hauptschuld trägt». (Horst-Eberhard Richter, ‹Zeit zum Umdenken›, in: *Ein Tag im September*, hg. v. Georg Stein und Volkhard Windfuhr, Heidelberg 2002.)

Während Amerika in den folgenden acht Jahren keine weiteren Anschläge mehr hinnehmen musste, häuften sie sich in der übrigen Welt. Von Al Kaida inspirierte islamische Fanatiker zogen eine Spur aus zerfetzten Leibern quer über den Globus. Opfer waren meistens Zivilisten, wie junge Diskothekengäste auf Bali; Urlauber in Mombasa oder Sharm el-Sheikh oder Dahab; Synagogenbesucher in Casablanca oder Istanbul; Zug- und Buspassagiere in Madrid, London, Bombay, Varanasi; Passanten in einem Einkaufsviertel in Delhi; Fußball-WM-Final-Zuschauer in Kampala. Hunderte

weiterer Anschläge konnten von den Geheimdiensten verhindert werden, wie etwa jener der Verschwörer von Wal-
thamstow im Osten Londons, einer Gruppe junger, in England geborener Söhne pakistanischer Einwanderer. Ihr Plan,
sich auf ein Dutzend Flugzeuge zu verteilen und diese in der
Luft gleichzeitig samt sich selbst und den Passagieren zu
sprengen, wurde im letzten Moment verhindert. Dutzende
Attentate scheiterten am Unvermögen der Täter, wie im Fall
der beiden jungen Libanesen, die in zwei deutschen Regio-
nalzügen große, selbstgebaute Kofferbomben deponiert hatten, deren Zündmechanismus jedoch versagte.

Aber nicht nur «Ungläubige», Angehörige der «Kreuz-
zügler-Nationen», «Zionisten» wurden getötet. Ebenso brutal verfuhr man mit Glaubensgenossen. Die unabhängige
Organisation *Iraq Body Count* hat errechnet, dass seit dem
Einmarsch der Amerikaner und ihrer Alliierten in den Irak
im März 2003 rund 110 000 Zivilisten gewaltsam zu Tode
gekommen sind (Stand Ende 2009). Etwa ein Zehntel fiel
den militärischen Invasoren zum Opfer, hauptsächlich in
den ersten beiden Kriegsjahren. Der überwiegende Teil,
neunzig Prozent, starb durch innerislamische Gewalt. Sun-
nitische Extremisten zündeten ihre Sprengstoffgürtel oder
Autobomben inmitten von schiitischen Pilgermassen, auf belebten Marktplätzen, in Moscheen; schiitische Killermilizen
rächten sich mit Greueln an der Bevölkerung oder an einzelnen Exponenten in sunnitischen Quartieren. Dieselbe Skrupellosigkeit gegenüber den eigenen Glaubensangehörigen legen die selbsternannten Krieger Allahs auch anderswo an
den Tag, in Algerien, Indonesien, Usbekistan, Afghanistan,
Pakistan.

Nachdem der fromme Schrecken auch Europa erreicht hatte, verschwand zwar die Schadenfreude, die in den Kommentaren zu den Anschlägen auf World Trade Center und Pentagon oftmals mitschwang. Niemand hätte sich mehr getraut, eine vergleichbar geschmacklose Äußerung über die U-Bahn-Attentate 2005 in London zu formulieren, wie es der deutsche Komponist Karlheinz Stockhausen über diejenigen vom 11. September 2001 getan hatte: «Das ist das größte Kunstwerk, das es überhaupt gibt.» (Pressekonferenz in Hamburg am 16.9. 2001, aufgenommen vom NDR.) Aber im Wesentlichen hielt sich der Westen weiterhin an die Erklärung, dass extreme Gewalt und religiöser Fanatismus eine Reaktion auf unhaltbare Verhältnisse sei, die Antwort auf ein existentielles Defizit an «Geborgenheit und Mitgefühl», wie es beispielsweise Richard Rorty ausgedrückt hat. «Das Problem der bösen Leute» sei, so der amerikanische Philosoph, «dass sie nicht so viel Glück gehabt haben wie wir selbst hinsichtlich der Umstände, unter denen sie aufgewachsen sind». (Richard Rorty, *Wahrheit und Fortschritt*, Frankfurt a. M. 2000.)

Sinnsuchender, Globalisierungsverlierer und Outcast, Dadaist, Verführter oder Leidender – mit solchen Denkfiguren versuchte man den Suizidbomber zu begreifen, als Getriebenen der Umstände, aber nicht als Subjekt, das man nach seinen konkreten Absichten, Wahlmöglichkeiten, Worten und Taten befragt und beurteilt. «Wer entscheidet sich zu einem Selbstmordattentat? Er muss eine furchtbare Verletzung erlebt haben», tiefgründelte Schriftsteller und Nobelpreisträger Imre Kertész (*Tages-Anzeiger*, 29. 11. 2004). «Terror ist die Sprache der Verzweifelten», predigte der ehemalige Priester Eugen Drewermann, Autor von weit über hundert Büchern, um mit dem üblichen Aufruf zur Selbstbeschimpfung fortzufahren. «Wir müssten uns auch unserer Schuld bewusst werden, den islamischen Kulturraum von den Maghrebstaaten bis nach Indonesien in Form der Kolonialregimes ausgebeutet und kulturell überfremdet zu haben.» (*Tages-Anzeiger*, 13. 10. 2006.) Oder Moritz Leuenberger, langjähriger Schweizer Bundesrat und preisgekrönter Verfasser politischer Reden: «In der Weltgeschichte repräsentierten alle Terroristen Bewegungen, die ökonomisch benachteiligt waren.» Und auch er weiß um mögliche Abhilfe. «Man muss sich hineindenken in eine andere Kultur und Religion, um sie zu verstehen und mit ihr in Dialog treten zu können.» (*Facts*, 35/2006.)

Die mit viel Empathie für die Täter und oft im Gestus der Gelehrtheit vorgebrachten Deutungen haben jedoch einen Mangel: Sie haben nichts zu tun mit der Realität. Entsprechende Studien oder nur schon aufmerksame Zeitungslektüre zeigen, dass weder Armut, Bildungsferne, Ausgrenzung noch Verfolgung entscheidende Motive für die Terrorpartisanen sind. Und sollte «Verzweiflung» eine Rolle spielen, dann dürfte diese eher private denn gesellschaftliche Gründe haben. Palästinensische Selbstmordattentäter aus Gaza oder der West Bank beispielsweise stammen, wie Claude Berrebi von der Princeton Universität nachgewiesen hat, überwiegend aus Familien, die oberhalb der Armutsgrenze leben, und beinahe sechzig Prozent von ihnen haben das Gymnasium absolviert – von der Gesamtbevölkerung kommen weniger als dreizehn Prozent zu einem Gymnasialabschluss. Ähnliche Resultate liefern Studien über die im Libanon aktive Terrorgruppe Hezbollah. Deren Märtyrer sind ebenfalls materiell besser gestellt und gebildeter, verglichen mit der Durchschnittsbevölkerung. (Alan Krueger, *What makes a Terrorist. Economics and the Roots of Terrorism*, Princeton 2007.)

Noch mehr gelten diese Befunde für die globalen Jihadisten von Al Kaida und ihre ideologischen Franchisepartner, die zum Angriff auf den gesamten Westen angetreten sind. Terrorgottvater Osama Bin Laden ist Bauingenieur und Multimillionär, sein ägyptischer Stellvertreter al-Zawahiri ist Chirurg, Sohn eines Medizinprofessors. Es war eine Gruppe junger Ärzte, muslimische Inder und Araber, die 2007 knapp gescheitert waren, drei Autobomben im Glasgower Flughafen und in der Innenstadt von London zur Explosion zu bringen. Der operative Chef der 9/11-Attentäter, der Ägypter Mohammed Atta, hatte in Deutschland Architektur studiert und befand sich in einer hervorragenden Ausgangslage für ein erfolgreiches Berufsleben. Ebenso privilegiert waren seine Mitverschwörer. Wie der Libanese Ziad Jarrah beispielsweise, sechsundzwanzig, der als behüteter Sohn eines hohen, weltlich eingestellten Regierungsbeamten das süße Leben der *jeunesse dorée* Beiruts ausgekostet hatte, bevor er nach Deutschland zog, um in Hamburg Flugzeugbau zu studieren. Oder wie Hani Hanjour, neunundzwanzig, der jahrelang zwischen seiner wohlhabenden Familie in Saudi-Arabien und seinem Bruder in den USA hin- und herpendelte, wo er sein Englisch aufbesserte und sich an Flugschulen für seinen letzten Auftrag vorbereitete.

Drei von den vier Selbstmordattentätern in der Londoner U-Bahn am 7. Juli 2005 waren in Yorkshire geborene Secondos pakistanischer Einwanderer. Sie waren bestens in die englische Gesellschaft integriert. Der Gruppenälteste, dreißig, Lehrer, verheiratet mit einer Sonderschullehrerin, war vierzehn Monate zuvor stolzer Vater eines kleinen Mädchens geworden, dem er sein Abschiedsvideo widmete. Ein anderer, zweiundzwanzig, Student der Sportwissenschaft, stets nach den neuesten Trends frisiert und gekleidet, spielte am Vorabend der Morde Kricket und fuhr einen roten Mercedes, ein Geschenk seines Vaters, der sich vom mittellosen

Einwanderer zum Inhaber eines Fish-&-Chips-Ladens hoch-geackert hatte. Der Jüngste der Gruppe, der neunzehnjäh-rige Sohn eines Fabrikarbeiters, hatte ebenfalls Abitur ge-macht und war ein begeisterter Kricket- und Fußballspieler.

Eine vorbildliche Integrationsbiographie wies auch Mo-hammed Bouyeri auf. Der intelligente, in Amsterdam gebo-rene Sohn eines marokkanischen Fabrikarbeiters und einer Analphabetin aus einem Dorf im Rifgebirge nutzte die Chancen, die ihm die moderne und aufgeschlossene hollän-dische Gesellschaft bot. Er machte Abitur, begann ein mit staatlichen Stipendien finanziertes Informatik-, später ein Sozialpädagogikstudium, engagierte sich als Freiwilliger in einem Problemquartier mit hohen Immigranten- und Kri-minalitätsquoten, bis er im November 2004 in Amsterdam auf offener Straße den Künstler Theo Van Gogh mit fünf-zehn Kugeln vom Fahrrad schoss, ihm mit einem Krumm-dolch die Kehle durchschnitt und anschließend zwei Messer in die Brust rammte, eines davon mit einer mehrseitigen Warnung an alle Ungläubigen, speziell an die somalische Fe-ministin und Autorin Ayaan Hirsi Ali versehen. Bouyeri war mittlerweile zum Anhänger des Jihadismus geworden.

Geradezu als exemplarisch könnte man den Werdegang des Khalid Sheikh Mohammed bezeichnen, erfahrener Chefdramaturg der 9/11-Anschläge und einer von Al Kaidas Granden. Geboren 1964 in der pakistanischen Dürre- und Schmuggelprovinz Belutschistan, verbrachte er seine Kind-heit und Jugend im Petroparadies Kuweit, übersiedelte als Neunzehnjähriger in die USA, wo er drei Jahre später ein Studium in Ingenieurswissenschaften abschloss. Nach Tätig keiten in der Elektronikbranche wandte sich der Junginge-nieur, der fließend Arabisch, Englisch, Urdu und Belutschi spricht, seiner eigentlichen Berufung zu. Schon als Halbwüchsiger hatte er sich den Ideen der totalitären Muslimbruderschaft verschrieben, der Matrix aller heutiger Islamisten. Nun machte er sich auf, ein Krieger ohne Grenzen, die Lehre des reinen Islam mittels Sprengstoff, Dolch und Gift zu verkünden.

Im Hindukusch kämpft er auf Seiten der afghanischen Mujahedin gegen die kommunistischen Besatzer. 1992 taucht er im sich zerfleischenden Jugoslawien auf, wo er die Bosniaken mit militärischem Know-how und Geld arabischer Mäzene unterstützt. 1993 arbeitet er als Projektingenieur für den Emir von Qatar und baut seine Schattenarmee weiter aus. Im selben Jahr stellt sein Neffe Ramzi Yousef, Elektrotechniker mit Abschluss der walisischen Universität von Swansea, einen Lieferwagen im Parkgeschoss des World Trade Centers ab und verlässt das Gebäude wieder. Kurz darauf explodieren siebenhundert Kilogramm TNT, die im Fahrzeug versteckt waren. An dem Anschlag, der zur Enttäuschung der Urheber das Gebäude nicht zusammenkrachen ließ und nur sechs Menschen tötete, ist unter anderen auch Onkel Khalid maßgeblich beteiligt.

Ende 1994 entwickelt dieser im philippinischen Manila mit seinem Neffen den Plan «Bojinka», «großer Knall» – ein lautmalerischer Ausdruck aus dem serbokroatischen Slang. Als Auftakt soll Papst Karol Wojtyła, dessen Besuch bevorsteht, von einem Selbstmordattentäter umgebracht werden. Dann würde man elf Flugzeuge auf dem Weg in die Vereinigten Staaten ebenfalls durch Selbstmordattentäter mittels an Bord geschmuggelter Nitroglyzerinsprengsätze nacheinander abstürzen lassen. Weiter soll ein Suizidpilot einen entführten Flieger in das amerikanische Hauptquartier der CIA lenken. Das Komplott fliegt auf, weil beim Pröbeln mit Chemikalien für einen tödlichen Giftanschlag auf das städtische Trinkwassersystem – Teil vier von Plan «Bojinka» – ein Feuer ausbricht und die als Labor dienende Hotelsuite in Flammen aufgeht. Während der Neffe bald gefasst wird, gelingt es Khalid Sheikh Mohammed, der unter dreißig verschiedenen Namen reist, unterzutauchen.

Wenige Monate nach dem zweiten, nunmehr geglückten Angriff auf das World Trade Center im September 2001, dirigiert er in Karachi die Verschleppung des *Wall Street Journal*-Journalisten Daniel Pearl durch Omar Sheikh, ein junger Brite mit pakistanischen Eltern und Student der angesehenen London School of Economics. Khalid Sheikh Mohammed persönlich schneidet vor laufender Kamera «mit meiner eigenen gesegneten rechten Hand den Kopf des amerikanischen Juden» ab und stellt die Videoaufnahme ins Internet. Nach sechzehn Jahren als Scharfrichter Allahs wird er 2003 in Pakistans Millionenmetropole verhaftet und an die Amerikaner ausgeliefert. Er bekennt sich zu einunddreißig Anschlägen und Attentatsversuchen und bereut bis heute keinen einzigen. Mit seiner Ausbildung, seiner technischen Kreativität und seiner außergewöhnlichen Fähigkeit zum sozialen Networking hätte er alle Voraussetzungen mitgebracht, dereinst einen internationalen Elektronikkonzern zu leiten. Der einzige Grund, warum er zum Bombenleger wurde, war seine Entscheidung, ein Bombenleger zu werden.

Es gibt auch Terroristen mit vermasselten Biographien wie Richard Reid, achtundzwanzig, ein kleiner Londoner Straßenkrimineller, Sohn eines jamaikanischen Straßenkriminellen. Der junge Reid konvertierte im Gefängnis zum Islam, nannte sich fortan Abdel Rahim und erlangte Berühmtheit als «Schuhbomber», weil er eine in seinem Sportschuhabsatz versteckte Bombe zünden und das Flugzeug, in dem er kurz nach den 9/11-Anschlägen unterwegs nach Amerika war, zum Absturz bringen wollte. Sein Vorhaben konnte durch Mitreisende im letzten Moment verhindert werden. Und wie Reid war auch Germaine Lindsay, neunzehn, afro-jamaikanischer Herkunft, als jugendlicher Schläger und Drogenhändler in seinem Viertel aufgefallen, bevor er zum Islam konvertierte und als Abdullah Shaheed Jamal im vollen Londoner U-Bahnwagen der Piccadilly Line die Bombe in seinem Rucksack detonieren ließ.

Bestünde zwischen sozialer Benachteiligung und Terrorneigung jedoch ein Zusammenhang, müsste die halbe Welt längst in Trümmern liegen. Tatsächlich sind die Terrorrekruten aus dem Lumpenproletariat bis jetzt eine Ausnahme geblieben. Im Normalfall kommen sie aus gesicherten oder privilegierten Verhältnissen, sind gut ausgebildet und profitieren buchstäblich bis zum Moment ihrer Selbstauslöschung von den einzigartigen Freiheiten der westlichen Zivilisation, Freiheiten, von denen die allermeisten in ihren Herkunftsländern Pakistan oder Somalia, in Nordafrika oder im Nahen Osten nur vergeblich träumen können.

Je häufiger von der Empirie widerlegt, desto beschwörender aber wurde nach jedem neuen Anschlag die These von der Armut und den erlittenen Ungerechtigkeiten als Handlungsmotive der Aggressoren wiederholt. Der liturgische Stil und die Immunität gegen Tatsachen verrieten, dass es nicht darum ging, ein Ereignis zu verstehen, sondern darum, das eigene erschütterte Weltbild wieder zu stabilisieren. Und ebenso unverdrossen, wie man irrationale, elementar böse Aktionen im Nachhinein mit Sinn zu impfen versuchte, übersah man andernorts alle Hinweise, die eine neuerliche Bluttat ankündigten, sogar wenn sie sich in nächster Umgebung abspielen sollte. Dies geschehen im Fall des Massakers von Fort Hood, einer Militärbasis in Texas, wo im November

2009 der Armeepsychiater Major Nidal Malik Hasan mit dem Ruf «Allahu akbar», «Gott ist groß», plötzlich eine FN Herstal 5.7 aus der Tasche zog, eine Pistole, die in einschlägigen Kreisen wegen ihrer Feuerkraft «copkiller» genannt wird, und auf die Umstehenden zu schießen begann, ruhig, gezielt, kaltblütig. Er tötete dreizehn Menschen und verletzte zweiunddreißig zum Teil schwer, bis er endlich gestoppt werden konnte.

Der neununddreißigjährige Sohn muslimisch-palästinensischer Einwanderer war seit längerem durch ein Faible für Radikalislamismus aufgefallen. Sein Name auf der privaten Visitenkarte war mit dem unter Jihadisten üblichen Zusatz «SoA» versehen, «Soldier of Allah»; er behauptete, der Krieg gegen den Terror sei in Wirklichkeit ein Krieg gegen den Islam; und er verteidigte schon zwei Jahre vor dem Massaker in einer Power-Point-Präsentation vor anderen Militärmedizinern Selbstmordattentate gegen US-Soldaten als durch den Koran legitimiert. Er stand auch in regelmäßigem Kontakt mit Anwar al-Awlaki, wie die Geheimdienste feststellen konnten. Al-Awlaki, in Amerika aufgewachsener Imam einer kalifornischen Moschee, Sohn eines ehemaligen jemenitischen Ministers und Universitätsrektors, war 2002 wegen Al-Kaida-Verbindungen in die Wüstentäler des Jemen abgetaucht, um von dort via Internet Märtyreraspiranten wie Major Hasan spirituelle Anleitung zu geben.

Die Vorgesetzten des Majors waren von den Geheimdiensten über dessen Feindkontakte informiert worden, aber reagierten darauf offenbar nicht. Bekannt ist auch, dass Offiziere der medizinischen Truppen untereinander fachsimpelten, ob Kollege Hasan ein Fanatiker oder eher ein Psychopath sei. Wenn man Hasans Ausfällen gegen die Kriege Amerikas widersprach, deutete er dies als islamfeindliche Einstellung und beklagte sich, er würde als Angehöriger der muslimischen Minderheit verlacht und diskriminiert. Nun behielten die Mediziner ihre Diagnosen für sich und schwiegen auch, als er trotz offensichtlicher Unfähigkeit zum Major befördert wurde. Sie hatten Angst, wie einer erzählte, als «islamophob» zu gelten, was schlecht für die Karriere gewesen wäre. Diese Haltung mochte feige sein und hatte tödliche Folgen. Aber sie entsprach dem kulturalistischen Harmoniegebot des Zeitgeistes, dessen Sprachkodex sich bis in die höchsten Ränge der effizientesten Militärmaschine der Welt durchgesetzt hat. «Es ist eine Tragödie», kommentierte General George Casey, Generalstabschef der Armee den Fort-Hood-Vorfall, um wie ein frömmelnder Menschenrechtler fortzufahren, «aber es wäre eine noch größere Tragödie, wenn unsere Diversität daran Schaden nehmen würde.» Als ob für eine militärische Einheit die ausgewogene Vertretung aller religiösen, ethnischen und sexuellen Gruppen wichtiger wäre als die Fähigkeit der Soldaten, in die richtige Richtung zu schießen. Und als ob die fünfundvierzig Toten und Verletzten einem Schicksalsschlag zum Opfer gefallen wären, einer höheren Macht, und nicht dem Anhänger einer gefährlichen, antiwestlichen Ideologie, dessen Tat erst möglich wurde in einer Umgebung, deren moralisches Abwehrsystem defekt ist und die Signale des Bösen nicht mehr erkennen kann.

Der pyknische, gutmütige Psychiater Hasan habe auf dem Internet vergeblich eine Frau gesucht, kolportierten die Medien Aussagen von Verwandten, habe einen Gebrauchtwagen gefahren und alleine in einer schäbigen 340-Dollar-Wohnung gelebt, ein verarmter Angehöriger einer Minderheitsreligion, ausgesetzt den Vorurteilen und Feindseligkeiten der übrigen Gesellschaft. Was er wohl mit dem Rest des sechsstelligen

Jahreslohns, den ein Armeepsychiater verdient, gemacht hatte, interessierte die Journalisten ebenso wenig wie die Tatsache, dass es mit den Vorurteilen wohl kaum so schlimm gewesen sein konnte, sonst hätte er nicht eine ansehnliche Berufskarriere in der Armee gemacht.

Die bevorstehende Versetzung nach Afghanistan habe ihn verzweifeln lassen, trugen die Zeitungen weiter zusammen, zudem habe er möglicherweise unter einer sekundären Posttraumatischen Belastungsstörung (PTBS) gelitten, eine psychische Erkrankung, die immer wieder Kriegsheimkehrer befalle. Zwar war Hasan nie im Krieg gewesen, aber er hatte Irak- und Afghanistanveteranen behandelt, deren Traumata sozusagen auf ihn übergegangen seien – daher das Attribut «sekundär». Allerdings war kein Fall bekannt, dass jemand mit der erst seit kurzem existierenden Diagnose «sekundäre PTBS» zum Massenmörder wurde. Zudem litt Hasan nicht am Leiden seiner amerikanischen Patienten, sondern an demjenigen, welches diese seinen muslimischen Brüdern zugefügt hatten. Aber offenbar war der fromme Major eben ein besonders sensibler Mensch.

Das psychologisierende Hintergründeln und Verrätseln, die «nationale Hinwendung zur Therapie», wie es der *New York Times*-Kolumnist David Brooks bezeichnete, hatte den üblichen Zweck, den Täter zum Opfer zu machen. Diese Weigerung, das Offensichtliche wahrzunehmen, wurde bestärkt durch einen internen Orwellschen Spracherlass der Obama-Administration. Worte wie «Islam», «islamistisch», «Jihad» dürfen im Zusammenhang mit Terroranschlägen nicht mehr verwendet werden, sondern man spricht nur noch konfessionsneutral von «gewalttätigem Extremismus» oder «radikalem Fundamentalismus». Ein sechsundachtzigseitiger Pentagon-Bericht zu den Fort-Hood-Schießereien beispielsweise erwähnt Hasans Islamismus kein einziges Mal. Keine Mühe mit dem Begriff hatte hingegen Imam Al-Awlaki. Stolz ließ der radikalislamische Prediger die Welt via Internet vom Jemen aus wissen, dass Bruder Nidal Hasan, «mein Schüler», ein «Vorbild für muslimische Soldaten» sei, und seine Tat «heroisch».

Jubeln
für das
Böse

Anders als die grübelnden Islam-Experten im Westen, verstanden die Menschen in den muslimischen Weltregionen
auf Anhieb den Sinn der 9/11-Anschläge, obwohl deren Urheber keine Begründungen mitgeliefert hatten. Von Nigeria
über Gaza bis in die Philippinen fanden Freudendemonstra-
tionen statt. «Tod den USA!», «Fahr zur Hölle, Amerika!»,
erklangen in den Straßen und Moscheen die Sprechchöre der
Feiernden, und als klar wurde, dass Osama Bin Laden hinter
den Attacken steckte, wurde er sofort zur populärsten Figur
der islamischen Gegenwart. Sein Konterfei erschien auf
T-Shirts, Bonbons, Teppichen, Kinderspielzeug, Turbanver-
packungen, und besonders schmackhafte Dattelsorten und
unzählige Neugeborene erhielten seinen Namen.

Eine in jenen Tagen in Saudi-Arabien erfolgte Umfrage
hatte ergeben, dass fünfundneunzig Prozent der jungen
Saudis Bin Ladens Terrorschlag guthießen, und als eine sau-
dische Zeitung die Fotos und Namen der fünfzehn saudischen Suizidattentäter von 9/11 publizierte, wurden deren
Familien mit Glückwunschbotschaften und Geschenken
überschwemmt. Warum diese Verehrung für einen Mann,
der Tausende von Unschuldigen, unter ihnen auch Muslime,
umgebracht hat?, fragte ich im Frühjahr 2002 in der Hauptstadt Riad meinen Bekannten Faizal. Der Siebenundzwan
zigjährige war als Sohn eines wohlhabenden und gebildeten
Diplomaten in England aufgewachsen und lebte wieder in
Saudiarabien. Osama habe den Amerikanern eine harte

Lektion erteilt, antwortete er, deshalb sei er ein Idol. Auch für ihn?, fragte ich Faizal.

Er wisse, meinte er, dass sich Osama für seine Anschläge in New York nicht auf die islamische Pflicht zum Jihad berufen könne. Diese gelte nur, wenn wie in Afghanistan Ungläubige muslimischen Boden besetzten. Als wir uns weiter unterhielten, verriet er plötzlich, er bewundere Osama ebenfalls. «Er spricht ruhig und sanft, nicht schreiend und drohend wie die fanatischen ägyptischen Prediger. Er wirkt völlig sicher und bestimmt, seine Überzeugung ist ihm wichtiger als sein Leben. Er hätte wie seine Brüder alle Reichtümer genießen können, aber es interessierte ihn nicht. Er ist glaubwürdig.» – «Aber warum tötete er dreitausend friedliche Zivilisten?» Faizal hob leicht seine Stimme. «Und was machen die Amerikaner in Somalia, im Sudan, in Afghanistan, in Palästina?», gab er zurück und fuhr, ohne eine Antwort abzuwarten, fort: «Sie töten Frauen und Kinder. Sie lassen sich von den Juden einspannen und verfolgen die Muslime. Die Juden beherrschen die Medien und ziehen die Fäden in der amerikanischen Politik. Und was ist mit den viertausend Juden, die am Tag des Anschlags nicht zur Arbeit im World Trade Center erschienen sind? Sie wurden wahrscheinlich vom israelischen Geheimdienst gewarnt. Vieles deutet darauf hin, dass der Mossad hinter der Geschichte steckt.»

Faizal, der in London englische Literatur studiert hat, schien die Unvereinbarkeit seiner Aussagen nicht zu bemerken, oder sie kümmerte ihn nicht. Seine Reaktion war aber nicht außergewöhnlich, ich erlebte sie in Dutzenden von Gesprächen mit Muslimen in verschiedensten Ländern. Die gleichen Leute, die eben noch mit Genugtuung über Bin Ladens Streich gesprochen hatten, entwickelten augenblicklich und übergangslos eine ausgetüftelte Verschwörungstheorie mit jüdisch-amerikanischen Drahtziehern, sobald man die moralische Berechtigung des Massenmordes in Frage stellte. Die Suspendierung der Gesetze der Logik war keine Frage der Schuljahre oder der Intelligenz. Sie fand sogar eher noch bei Leuten wie Faizal statt, die aus städtischen, gebildeten, auslanderfahrenen Kreisen stammten und wussten, dass die Westler Gewaltexzesse und deren Akteure verabscheuen. In ländlichen Regionen hingegen, wo man kaum in Kontakt mit Fremden kommt, wich man seltener auf Judenbeschuldigungen aus. Dass jemand, der weder Jude noch Amerikaner war, Bin Laden nicht gut finden könnte, war dort offenbar kaum vorstellbar.

Auf einer Reise durch die Hochebene von Marib im Innern des Jemen beispielsweise besuchte ich einige jener abgelegenen, archaischen Lehmdörfer, die weder Strom- noch Wasserversorgung haben und deren Existenz die Zentralregierung nur dann zur Kenntnis nimmt, wenn in der Gegend wieder einmal ausländische Touristen entführt worden sind. Unsere Anwesenheit sprach sich jeweils schnell herum und lockte als Erstes die Kinder und jungen Männer herbei. Es war ein Jahr nach den New Yorker Anschlägen, und jedes Mal, wenn ich den Namen Osama Bin Laden erwähnte, gerieten diese Söhne armer Bauern und Hirten in Hochstimmung. Hoffentlich lebe er noch, meinten einige, sie würden ihn jederzeit in ihrem Haus aufnehmen. Osama lebe in seinem Herzen, verkündete ein Halbwüchsiger, und seine Kollegen hüpften dazu vor Freude. Wenn ich sie fragte, was Osamas Verdienst sei, sagten alle stolz, er sei stark und gefürchtet, stärker als Amerika, und einige der Älteren fügten noch hinzu, dass dank ihm die Welt wieder auf die Araber und die Muslime höre.

Der 2003 verstorbene Literaturwissenschaftler Edward

Said hatte in seinem Aufsatz ‹The Clash of Ignorance› (in: *The Nation*, 22. 10. 2001) vertreten, dass es sich bei den Todespiloten um Mohammed Atta um eine «winzige Truppe geisteskranker Fanatiker» gehandelt habe, deren Programm man nicht mit dem «Islam» gleichsetzen dürfe. Sage man Atta, müsse man auch Asahara Shoko oder Jim Jones sagen. Ersterer, ein gescheiterter Apotheker, war das Oberhaupt der japanischen Aum-Sekte, die einen Giftgasanschlag in Tokios U-Bahn verübt hatte; Letzterer, der amerikanische Sektenführer Jones, hatte mit seinen Anhängern im Regenwald von Guyana Massenselbstmord begangen. Said wollte damit wohl sagen, dass keine Kultur vor dem Rückfall in die Barbarei gefeit und Terror keine islamische oder arabische Exklusivität sei.

Er hatte natürlich recht damit, und es wäre ein Leichtes, hundert weitere Beispiele aufzuzählen. Deutschland kannte die aus der Achtundsechziger-Bewegung hervorgegangene Rote Armee Fraktion, Italien die Roten Brigaden, beides atheistische und marxistische Gruppen, und der erste Selbstmordanschlag der jüngeren Vergangenheit im Nahen Osten wurde von drei Japanern ausgeführt, ebenfalls Marxisten. 1972 hatten sie auf dem israelischen Flughafen von Lod Maschinenpistolen mit abgesägten Läufen aus ihren Geigenkästen gepackt und sechsundzwanzig zufällig anwesende Passagiere massakriert und weitere vierundsiebzig verletzt. Einer der Japaner wurde erschossen, ein weiterer tötete sich selbst mit einer Handgranate, und der Dritte, Kozo Okamoto, überlebte, konvertierte zum Islam und hieß neu Ahmed.

Nur hat Said ein wichtiges Detail ignoriert. Außerhalb linksradikaler Studentenmilieus beklatschte niemand die sogenannt politischen Morde der RAF oder der Rotbrigadisten, und im Fall der Sektenführer Shoko und Jones waren nicht einmal alle ihrer eigenen Anhänger überzeugt von den Aktionen ihrer Gurus. Der Japaner Ahmed hingegen wurde im Nahen Osten zum Volksheld und Terrorpate Osama Bin Laden für unzählige Muslime auf der ganzen Welt zur Ikone eines wiedererwachten und mächtigen Islam. Wahrscheinlich verspürte die Mehrheit der Leute im Korangürtel zwischen Nouakchott und Mindanao stille Genugtuung, Schadenfreude oder Jubelgefühle, als sie von den New Yorker Anschlägen hörten. Die Reaktionen machten unangenehm deutlich, wie tief die Sichtweise gewisser jihadistischer Sekten, die «Phantasie-Ideologie», wie sie der amerikanische Essayist Lee Harris bezeichnet, das Alltagsdenken der muslimischen Welt mittlerweile durchdrang und die Wahrnehmung der Ereignisse bestimmte. Und die Überraschung und die hilflosen Interpretationen der allermeisten westlichen Intellektuellen und Politiker führten vor Augen, dass diese den kontinuierlichen Aufstieg einer gewalttätigen, todessehnsüchtigen globalen Bewegung nicht bemerkt oder nicht ernst genommen hatten.

Sehnsucht nach dem Untergang

«Halbwüchsige Burschen und erwachsene Männer tragen schwarze Kutten, die an den Schultern den nackten Körper freihalten. In den Händen halten sie dünne Eisenketten, die sie über ihre Köpfe schwingen und im gleichmäßigen Takt auf ihren Leib niedersausen lassen. Der Geruch von Schweiß und Blut dampfender Menschenleiber, das Rasseln der Ketten, Stampfen der Füße und monotone Geheul der Gesänge, die ekstatischen Gebärden und die glasigen Augen der Flagellanten und darüber die sengende Sonne des Orients schaffen die schauerliche Atmosphäre eines längst vergangenen Mittelalters. Was sich an solchen Tagen in ganz Persien an entnervender Massen-Leidenschaft demonstriert, lässt immer wieder selbst abgebrühten europäischen Orient-Kennern die kalten Schauer den Rücken hinunterjagen. (…) Vor wenigen Jahren noch waren diese fanatischen Bräuche unter der Tünche westlichen Einflusses fast verschwunden. Erst seit einiger Zeit wieder sind die religiösen Riten mit Leidenschaft durchgebrochen. (…) Der Führer dieser religiösen Wiedergeburt ist ein kleiner Greis mit grau-weißem Propheten-Bart, in schwarzem, wollenem Priester-Mantel und schwarzem Turban: Seyed Abul Ghassam Kaschani. Er trägt den Ehrentitel ‹Ayatollah›, das heißt so viel wie ‹Allahs Wort›. ‹Was immer in Persien heute geschieht, wird von Kaschani bestimmt, und nichts kann in Persien geschehen, was gegen den Willen Kaschanis wäre›, flüstern sich Iraner wie Europäer in den Mokkastuben Teherans zu.»

Der Artikel, aus dem dieser Auszug stammt, erschien 1952 im *Spiegel*, zu einer Zeit, als der Westlerblick auf den Osten noch kaum verschleiert war durch Schuldgefühle, kulturalistischen Relativismus und sich als Toleranz und Dialogbereitschaft missverstehende Harmoniesucht. Der Korrespondent erwähnte auch die «Fidayan-i-Islam», die «Totgeweihten des Islam», Ayatollah Kashamis ergebene Schutzstaffel. Sie operierte erfolgreich mit einer Politik des Schreckens. Wenn sie an öffentlichen Veranstaltungen auftrat, «wagt kein westlich orientierter Perser nur mit dem Mund zu zucken». Der Gründer und Anführer der Totgeweihten, Navab Safawi, hatte 1945 als Theologiestudent einen bekannten liberalen Journalisten und Anwalt mitten während einer Verhandlung im Justizpalast erschossen. Die Rechtfertigung des Mörders? Der Anwalt sei ein Kafir, ein Ungläubiger. Safawi und seine drei Komplizen wurden vor Gericht freigesprochen und von Ayatollah Kashami gesegnet. Spätere Attentate der Fidayan auf den Schah und auf den aristokratisch-nationalistischen Premierminister Mossadeq schlugen fehl, andere auf hohe Minister glückten.

Vorbild der Fidayan war der Ende des 11. Jahrhunderts gegründete persische Geheimorden der Assassinen, der nach absoluter Herrschaft über die islamische Welt strebte. Sein Mittel war der Meuchelmord durch haschischberauschte Jünglinge an hauptsächlich sunnitischen Emiren. Nach der Tat flüchteten sie nicht, sondern warteten auf den Tod, um ins Paradies einzugehen, wo zweiundsiebzig jungfräuliche Huris mit großen Mandelaugen und wiegenden Hüften auf den Seligen warteten. Die Terrorsekte gewann Kontrolle über weite Gebiete des Nahen und Mittleren Ostens und wurde erst im 13. Jahrhundert durch die Mongolen zerschlagen.

Hätte vor sechzig Jahren irgendjemand nur schon die

Möglichkeit erwogen, dass solch magisch-archaische Polit-konzepte noch einmal zur offiziellen Doktrin eines Staates oder gar zur Bedrohung des Westens werden könnten, wäre er ausgelacht worden. Mit der Machtübernahme von Ayatollah Khomeini im Jahre 1979 und der Verwandlung des Iran in eine totalitäre Theokratie geschah aber zweieinhalb Jahrzehnte später genau das. «Alles Gute existiert dank des Schwertes und im Schatten des Schwertes», predigte der charismatische Greis. «Nichts als das Schwert erzwingt den Gehorsam der Leute. Das Schwert ist der Schlüssel zum Paradies, welches sich nur dem Heiligen Krieger öffnet.»

Schiiten-Fürst Khomeini, von vielen westlichen Intellektuellen anfänglich als orientalischer Freiheitskämpfer romantisiert, verordnete es als Pflicht jedes Muslims, den Jihad, den «Heiligen Krieg» zu führen, bis sich «jedes Land der Welt dem Islam unterworfen hat». (Zitate aus: Amir Taheri, *Holy Terror: Inside the World of Islamic Terrorism*, 1987.) Teheran erschlug oder inhaftierte nicht nur die Abweichler im eigenen Land, sondern schickte seine Henker auch ins Ausland, um zu Gottlosen erklärte Landsleute hinzurichten. 1991 beispielsweise wurde der Ex-Premier Bakhtiar in einem Pariser Hotel von einem Strafkommando getötet, zwei Jahre später der Popstar Fereidun Farrokhzad in Berlin geköpft. Seinem Expansionsdrang gehorchend, unterstützt das Regime im Libanon oder im Gazastreifen auch Terrorsyndikate wie Hezbollah oder Hamas, einen Großbrand in einer ohnehin heißen Region in Kauf nehmend.

In allen Richtungen des Islam fließt der Wärmestrom der Hoffnung auf den Mahdi, auf den Rechtgeleiteten, der eines Tages von Allah geschickt werden wird, um den blutigen Machtkämpfen unter den muslimischen Brüdern ein Ende zu bereiten, die gleich nach dem Tod des Propheten Mohammed vor bald 1400 Jahren ausgebrochen waren und bis heute andauern. Geradezu kultiviert wird dieses eschatologische Sehnen von den schiitischen Sekten. Zentral im Weltbild der meisten iranischen Schiiten ist der Glaube an den verborgenen Imam, den zwölften und letzten ihrer Heilsgeschichte. Während seine elf Vorgänger, alles direkte Nachfahren des Propheten, den Märtyrertod starben, verschwand zu Beginn des 9. Jahrhunderts der zwölfte Imam schon als Kind und lebt seither in göttlicher Verborgenheit.

Er ist der «Herr der Zeit», das eigentliche Oberhaupt des iranischen Gottesstaates. In Artikel fünf von dessen Verfassung heißt es: «Möge Allah seine Wiederkehr beschleunigen.» Es ist den Menschen nicht vergönnt, das Jahr seines ersehnten Auftauchens zu kennen, aber immerhin wissen sie um den Ort: ein vertrockneter Brunnenschacht bei Qom, in den die Frommen schon jetzt Zettelchen mit ihren Wunschgebeten werfen können. Und sie kennen die apokalyptischen Zeichen, die das Kommen des Mahdi ankündigen. Sonne und Mond werden sich verfinstern, Katastrophen und Plagen die Menschen dahinraffen, Kriege ausbrechen, Ketzer sich in Affen und Schweine verwandeln, die Toten aus ihren Gräbern auferstehen, und kein Volk wird übrigbleiben, das sich nicht zum Islam bekennt. (Aus: *Buch der Rechtleitung, Kitab al-Irschad*, Sheikh al-Mufid, 10. Jahrhundert n. Chr.)

Das in Artikel fünf der Verfassung vorkommende Wort «beschleunigen» verrät die Ungeduld der Autoren. Warum sollten sie dem Armageddon nicht etwas nachhelfen und so das Goldene Zeitalter schneller anbrechen lassen? Mahmud Ahmadinejad jedenfalls, gegenwärtiger Präsident der Islamischen Republik Iran und besonders eifriger «Zwölfer», finanziert ein Forschungsinstitut in Teheran, dessen Zweck es ist zu studieren, wie man den Advent des Welterlösers beeinflussen könnte. Der kleingewachsene Mann mit dem Freizeitjäckchen kann die Nähe des Mahdi fühlen. Als er 2005 eine Rede vor der Uno-Vollversammlung mit den Worten «Im Namen Gottes» eröffnete, «umhüllte mich plötzlich ein Licht, das mich bis zum Ende der achtundzwanzigminütigen Ansprache beschützte». Er habe gespürt, vertraute er einem iranischen Interviewer an, dass es nicht die Bühnenbeleuchtung gewesen sei, sondern «ein Licht aus dem Himmel». Sogar die aus der ganzen Welt stammenden Delegierten im Saal hätten die göttlich gleißende Aura gesehen. «Alle waren sprachlos und bewegten sich nicht mehr, als wären sie von einer Hand an den Stuhl gefesselt.» Ahmadinejad ist zuversichtlich, dass der «Mahdi bald kommen wird», und so versprach er anlässlich der Parlamentswahlen 2008, einen Prachtboulevard durch Teheran bauen zu lassen, um ihn entsprechend empfangen zu können.

Irans Wissenschaftler und Techniker sind daran, eine Atombombe zu bauen, und die herrschende Clique ist offensichtlich entschlossen, sich durch nichts daran hindern zu lassen. Ob sie die Bombe einsetzen wird, um zum Beispiel Israel, diese «schwarze und dreckige Mikrobe», diese «Keimzelle des Bösen» von «der Weltkarte auszuradieren», wie Ahmadinejad in offener Verhöhnung des globalen Zivilisationsvertrags mehrmals verkündet hat, weiß niemand. Aber es gibt keinen Grund anzunehmen, er meine die Drohungen nicht ernst. Der Politiker mit dem Gotteskomplex, Sohn eines armen Schmieds, ist gerissen, verrückt, fanatisch und skrupellos – genauso wie die anderen Männer der klerikaltotalitären Nomenklatura.

Gleichzeitig mit den schiitischen kehrten auch die sunnitischen Erlösungsbewegungen zurück in die Geschichte. Das militärische, politische und wirtschaftliche Scheitern des

Panarabismus und seines Heroen Nasser hatte ein Sinnvakuum hinterlassen, das zu füllen verschiedenste weltliche und religiöse Gruppierungen gegeneinander antraten. Als erfolgreich erwies sich zum Beispiel die Muslimbruderschaft, gegründet in Ägypten Ende der zwanziger Jahre von Volksschullehrer Hassan al-Banna mit dem Ziel, den unverfälschten Islam der Prophetenzeit wieder einzuführen und auf die Errichtung eines Weltkalifats hinzuarbeiten. «Es liegt in der Natur des Islam, zu herrschen und nicht beherrscht zu werden, seine Gesetze allen Nationen aufzuzwingen und seine Macht über den gesamten Planeten auszubreiten.» Der neben al-Banna wichtigste Theoretiker der Bruderschaft, der ehemalige Literaturkritiker Sayyid al-Qutb, gilt heute «als einer der einflussreichsten islamischen Reformer des 20. Jahrhunderts», so der Oxford-Professor Eugene Rogan in seinem 2009 erschienenen Werk *The Arabs. A History.*

Das Vorgehen der Muslimbrüder ist vergleichbar mit demjenigen anderer Geheimgesellschaften und machthungriger Sekten wie dem Jesuitenorden oder den kommunistischen Parteien des letzten Jahrhunderts. Sie setzen auf eine flexible Dreifachstrategie: Unterwanderung der Eliten und Institutionen; wohltätige Einrichtungen für die pauperisierten Massen; Terroranschläge, um ein allgemeines Gefühl der Unsicherheit zu verbreiten und sich als Retter anpreisen zu können. Allen späteren jihadistischen Gruppen wie Hamas oder Al Kaida oder der algerischen Islamischen Heilsfront (FIS) diente die Muslimbruderschaft als Matrix eines politaktivistischen Islam.

Als erste Etappe auf dem Weg zur Macht sollten die vom reinen Glauben abgefallenen und Alkohol trinkenden Diktatoren der arabischen Welt beseitigt werden. In Ägypten schlug ein Attentatsversuch auf Nasser fehl, gelang aber über zweieinhalb Jahrzehnte später bei Staatspräsident Sadat, der 1981 anlässlich einer Militärparade von einem Märtyrerkommando erschossen wurde. Sein Kapitalverbrechen in den Augen der islamischen Fundamentalisten war es, mit dem Judenstaat Israel einen Friedensvertrag abgeschlossen zu haben. Nachfolger Mubarak ließ die Verantwortlichen verhaften, foltern und töten, verbot die mit Millionen von Sympathisanten populäre Muslimbruderschaft, sah aber von einem umfassenden, staatlich organisierten Gegenterror ab.

Dies im Gegensatz zu Syrien, wo ein Jahr zuvor nach einem knapp gescheiterten Attentat auf den alewitischen Diktator Hafiz al-Assad das Regime nur wenige Stunden später eine Sondereinheit in das berüchtigte Tadmor-Gefängnis bei Palmyra schickte, die Hunderte von inhaftierten Muslimbrüdern in ihren Zellen abschlachtete. Letztere waren schon länger eine Macht im Land, gut organisiert, mit heimlich bewaffneten Milizen. Sie schworen Rache, riefen zum Sturz der herrschenden Assad-Clique auf und begannen in ihrer Hochburg Hama, mit damals 350 000 Einwohnern die viertgrößte Stadt des Landes, Regimeangehörige zu vertreiben und zu ermorden.

Im Februar 1982 schlug der Staat zurück. Während vier Tagen bombardierte die Luftwaffe die Stadt, dann rückten Bodentruppen mit Panzern ein und pumpten Gas in Häuser, wo sie Widerstandsnester vermuteten. Die Islamisten, gut gerüstet und todesbereit, hielten dem Angriff stand, worauf die Armee einen Ring um die Stadt legte und diese während drei Wochen mit schwerem Artilleriefeuer eindeckte. Spezialtruppen und Todesschwadrone durchkämmten anschließend Haus um Haus, die Soldaten hatten die Erlaubnis zu vergewaltigen, und Bulldozer plätteten ganze Quartiere von Hama, eine der ältesten Städte der Welt.

Rifaat al-Assad, Verantwortlicher der Aktion und jüngerer Bruder des Präsidenten, prahlte, er habe «38 000 Aufständische» getötet. Vielleicht waren es mehr, vielleicht auch nur 20 000 Menschen, niemand weiß es. Ein Großteil kam in den Bombardements und Häuserkämpfen um, viele aber auch in Gefangenschaft, wo sie zuerst unmenschlichen Torturen unterworfen wurden. Neben den üblichen Vergewaltigungen und Prügeln wurden ihnen Nägel ausgerissen, Finger abgehackt, mit Spezialzangen Glieder zermalmt und Schädel eingedrückt, um nur ein paar der angewandten Methoden zu erwähnen. Der Schrecken zeitigte die gewünschte Wirkung. Die überlebenden Islamisten flüchteten aus dem Land, die Gefahr einer Machtübernahme war für die nächsten Jahrzehnte gebannt. Das Massaker von Hama, eines der blutigsten seit Ende des Zweiten Weltkriegs, fand kaum Beachtung im Westen.

Mehr Glück hatten die Muslimbrüder im Sudan, wo sie mit Hassan al-Turabi einen agilen und brillanten Politiker stellten. Der an der Sorbonne promovierte Jurist war wegen islamistischer Aktivitäten von Diktator Numeiri ins Gefängnis geworfen worden, ehe ihn dieser 1979 wieder befreite und zum Generalstaatsanwalt machte. Turabi führte das archaische Recht der Scharia ein, trug den Heiligen Krieg in den christlich-heidnischen Süden des Landes und machte Khartum in den Neunzigern zur Metropole des neuen globalen Jihad. In Turabis Nachbarschaft lebte Bin Laden mit Familie, dem der Sudanese eine seiner Nichten zur dritten Frau gab. An im Sudan veranstalteten Konferenzen fachsimpelte der palästinensische Sprengmeister Abu Nidal mit Carlos, dem Schakal. Hisbollah-Führer debattierten mit iranischen Geheimdienstlern über operative Probleme bei Entführungen.

Fünf der fünfzehn Verdächtigen beim Anschlag von 1993 auf das World Trade Center waren Sudanesen, und als der ägyptische Präsident Mubarak zwei Jahre darauf knapp einem Attentat entging, gab es starke Indizien, dass die Regierung in Khartum in die Verschwörung verwickelt war. Turabi, von der internationalen Presse auch «schwarzer Papst» oder «Lenin des Islamismus» genannt, lobte den Anschlag. Erst ein verlorener Machtkampf mit dem Putschgeneral al-Bashir setzte 1999 seiner Karriere ein Ende. Nicht aber seinem ideologischen Vermächtnis. Der Intellektuelle Turabi genießt weiterhin ein hohes Ansehen unter der studentischen Jugend.

Sehr populär wurden die Ideen der Muslimbruderschaft auch in Algerien. Die Militärjunta des ehemaligen Piratenstaats und späteren Lieblingskolonie Frankreichs dekretierte Ende der achtziger Jahre freie Wahlen, nicht zuletzt in der Hoffnung, die im sozialen Alltag erfolgreich agierenden militanten Islamisten so besser kontrollieren zu können. Als sich im ersten Wahlgang ein klarer Sieg der FIS, der Islamischen Heilsfront abzeichnete, verhängten die überraschten und erschrockenen Generäle den Ausnahmezustand über das Land und verboten die Partei. Die Islamisten tauchten ab und rissen das Land in einen grausamen Kleinkrieg, der die ganzen neunziger Jahre hindurch andauerte und rund 200 000 Tote forderte – annähernd so viele wie der Befreiungskampf gegen die Kolonialmacht Frankreich (1954–1962).

Die frommen Bärtigen legten Bomben in Geschäften, Polizeistationen, Zügen, Märkten, brannten Schulhäuser ab, enthaupteten Lehrer, die einem angeblich unislamischen, staatlichen Curriculum folgten, und legten deren Köpfe vor den Schuleingang. Sie verstümmelten auf offener Straße die Gesichter von Frauen, die nicht korrekt verschleiert waren, oder schnitten ihnen die Kehle durch. Sie massakrierten ganze Dorfbevölkerungen inklusive jener Schafe und Ziegen, die sie nicht konfiszierten, verschleppten gruppenweise Frauen, vorzugsweise Geschiedene, Witwen oder Unverheiratete, «Prostituierte» in ihren Augen, und vergewaltigten sie während Wochen, bevor sie sie verstümmelten und töteten. Zu besonderem Ansehen unter den Kampfmuslimen brachte es der ehemalige Metzgergeselle Momo le Nain (Mohammed der Zwerg). Er soll in einer Nacht in der Nähe von Algier sechsundachtzig Köpfe abgeschnitten haben, darunter viele Kinderköpfe. Seine Organisation GIA, Bewaffnete Islamische Gruppe, belohnte ihn mit einer Pilgerfahrt nach Mekka.

Das Gemetzel endete mit einem vorläufigen Sieg der korrupten und dank Erdöleinnahmen reichen Militärdiktatur. Würden heute freie Wahlen stattfinden, wäre ein erneuter Sieg der radikalen Muslime gut möglich. Genauso wie in Ägypten, Jordanien und anderen arabischen oder auch asiatischen Staaten. Die Ikhwan, die Muslimbruderschaft, hat in mehr als siebzig Ländern Anhänger. Verfolgt in ihrer arabischen Heimat, haben viele auch den Westen als neuen Lebensort gewählt, dessen Wohlstand, Bildungsmöglichkeiten und vor allem dessen Religionsfreiheit sie schätzen, zumindest solange sie noch nicht mächtig genug sind, diese wieder abzuschaffen. Sie verstehen sich als Elite, legen Wert auf akademische Ausbildung und üben sich in der Kunst der Taqiyya, der Verstellung und Täuschung, eine durch den Koran legitimierte Handlungsweise, seinen Glauben und seine wahren Absichten zu verleugnen, wenn man sich in feindlicher, das heißt nichtislamischer Umgebung befindet. Es gibt Schätzungen wie die des amerikanischen Sufi-Führers Sheikh Hisham Kabbani, einem moderaten Muslim, dass von den rund 2000 Moscheen in den Vereinigten Staaten bis zu achtzig Prozent von klandestinen Muslimbrüdern und anderen radikalen Kräften kontrolliert werden, ebenso wie verschiedene nationale muslimische Dachverbände und Studentenvereinigungen.

Wenn Elias Canetti recht hat, dass der Islam eine «Kriegsreligion» ist, für deren Gläubigen der Kampf gegen die Ungläubigen «Schicksal» und «die Schlacht der genaueste Ausdruck des Lebens» sind, wie er in *Masse und Macht* geschrieben hat, dann vertreten die Muslimbrüder und Konsorten einen authentischen Islam. Dies wird jedoch von den meisten westlichen Politikern, Redaktoren, Pfarrern, Pädagogen vehement bestritten. Islam bedeute in Wirklichkeit Frieden, beschwören sie nach jedem Anschlag, als könnten sie mit dieser Formel das Unheil bannen, und die Terroristen würden die Religion für falsche Zwecke missbrauchen. Offenbar glauben sie besser über den Prophetenglauben Bescheid zu wissen als Bin Laden oder Mohammed Atta oder der «Unterhosenbomber» Abdulmutallab, die vom ersten Tag ihres Lebens an muslimische Denkweise und Kultur eingeatmet haben und die kleinste ihrer Handlungen mit Koranzitaten und Rechtsgutachten aus mehreren Jahrhunderten untermauern können; oder gar besser als der große Muslimbruder Qutb, der neben vielen anderen gelehrten Büchern das Werk *Im Schatten des Korans* geschrieben hat, ein Korankommentar in dreißig Bänden. Die Radikalen würden zwar dem Satz, dass Islam Frieden bedeute, zustimmen. Wenn er denn erst die ganze Welt unterworfen hat.

Abgesehen davon, dass es Leuten wie Daniel Pearl völlig gleichgültig war, ob sich Khalid Sheikh Mohammed mit einer verzerrten oder einer zutreffenden Interpretation der Prophetenworte daranmachte, ihm die Kehle durchzuschneiden, ist es ohnehin nur für die Theologen bedeutsam, darüber zu diskutieren, welches der richtige und welches der falsche Islam sei. Der Rest muss sich mit der Feststellung begnügen, dass neben den mit allen Mitteln zur Herrschaft drängenden Radikalmuslime auch Traditionen existieren, die einen politischen Quietismus praktizieren. Großayatollah Sistani beispielsweise, Führer der schiitischen Iraker, lehnt im Gegensatz zu den khomeinistischen Schiiten im Iran die Beteiligung des Klerus an der politischen Macht ab und verbot in einer Fatwa Anschläge auf die amerikanisch-britischen Besatzer als «terroristischen Akt». Beide Seiten berufen sich für ihre Positionen auf Gottesoffenbarungen und kanonisierte Wahrheiten. Wer hat recht? Es liegt in der Natur religiöser Fragen, dass sie nicht mit den Mitteln der Vernunft gelöst werden können. Über sie entscheiden Glaube und Macht, die sich aus dem Korpus der Heiligen Erzählungen mit den passenden Textstellen versehen. Der wahre Islam ist immer der real existierende Islam, derjenige, der sich an einem Ort zu einer gewissen Zeit bei den Gläubigen durchgesetzt hat.

Die gewalttätigen, messianischen Radikalen bilden eine Minderheit, aber sie sind laut, und ihre Wirkung in der muslimischen Welt ist groß. Angesichts ihrer Popularität bei Millionen Menschen hat sich der schlaue und opportunistische Klerus in der Regel davor gehütet, deren Terrorpolitik zu verurteilen, solange die Anschläge im Westen stattfanden. Die ungeliebten und korrupten arabischen Diktatoren wiederum jagten erbarmungslos die Radikalen im eigenen Land, inszenierten sich selber als Mustermuslime und hielten die Geistlichen mit Privilegien bei Laune. Sie bauten ihnen prächtige Moscheen, verstärkten den Einfluss der Religion auf Gesetzgebung und Bildung, und sie ließen die Medien während Jahrzehnten gegen Amerika und Israel hetzen, um die Wut der Bevölkerung von sich abzulenken. Gleichzeitig unterstützten reiche Saudis und Golfstaatler, mit dem Wissen ihrer Regierungen, Jihad-Jünger im Ausland, unter der Bedingung, dass diese ihre Aktivitäten nicht nach Hause trugen.

Es gelang den Despoten weitgehend, den Terror unter dem eigenen Zeltdach zu eliminieren, aber sie stärkten dessen fundamentalistische Ideologie. Der gesamte Islam ist aggressiver, frommer, unduldsamer geworden, von Südostasien über die arabischen Kernländer bis nach Westafrika. Und auch in den schnell wachsenden Einwanderermilieus Europas ist die Saat aufgegangen. Immer mehr junge Frauen in Paris, London, Malmö tragen Kopftücher, deren Mütter oder Großmütter in den türkischen oder nordafrikanischen oder pakistanischen Herkunftsländern noch mit offenen Haaren in den Straßen spazierten. Immer mehr junge Euromuslime würden es vorziehen, unter dem Diktat der Scharia statt dem des säkularen Rechtsstaats zu leben. Und viele Anschläge im Westen, aber auch in muslimischen Ländern sind von Terroristen begangen worden, die in Europa oder Amerika aufwuchsen und radikalisiert wurden.

Grausamkeit und Allmachtswünsche

Der Aufstieg des zeitgenössischen Neo-Jihadismus ist nicht das Produkt einer wie auch immer verfehlten Politik Israels oder des Westens. Bevor Israel existierte und bevor sich Amerika in dieser Weltgegend einmischte, ist er aus dem Boden des Vorderen Orients gewachsen. Er spiegelt dessen Obsessionen, trübe Geheimnisse und Scheitern und gehorcht einer eigenen Dynamik. Nach den Anschlägen vom 11. September 2001 tauchte ein Video von Bin Laden im Netz auf, in dem er die «Entwürdigung und Schande» beschwor, in welcher der Islam «seit über achtzig Jahren» leben müsse. Während die westlichen Experten in den Geschichtsbüchern nachzublättern begannen, war es dem muslimischen Publikum sofort klar, wovon er sprach. 1918 war Istanbul besetzt und das osmanische Reich, das letzte muslimische Empire, von den Engländern und Franzosen geschlagen und aufgelöst worden. Und Atatürk schaffte sechs Jahre später das ohnehin nur noch symbolisch existierende Kalifat ab.

Der zeitgenössische Damaszener Philosoph Sadik Jalal al-Azm, einer der wenigen säkularen Intellektuellen des Nahen Ostens, schreibt, dass sich die Araber, seine Landsleute, «nie wirklich damit abgefunden» hätten, von den Europäern zu Statisten degradiert worden zu sein. «In unserer kollektiven Psyche empfinden wir es als eine Ungeheuerlichkeit, dass eine vermeintlich große *umma* [Nation, Gemeinschaft] wie die unsrige hilflos am Rande der Geschichte steht.» Tief verwurzelt sei die Überzeugung, «dass die weltpolitische

Führungsrolle uns zusteht» – sozusagen als natürliche Vorsehung –, und dass ihnen der Weltenlenkerstatus «widerrechtlich entrissen» wurde. (Sadik Jalal al-Azm, ‹Terrorismus, Islam, der Westen und die Moderne›, in: *Ein Tag im September*, a. o. O.)

Eine Veranschaulichung dieser Gewissheit eines überlegenen Arabertums erlebte ich beim sudanesischen Islamisten Turabi. Ich hatte ihn im Sommer 2008 in Khartum besucht, wo er seit seiner Entmachtung neun Jahre zuvor offiziell immer noch unter Hausarrest stand. Eigentlich wollte ich ihn interviewen, aber er setzte, ohne meine Fragen abzuwarten, zu einem lockeren, gutgelaunten Diskurs an, der etwa eine Stunde dauerte. Er mäanderte durch die Weltgeschichte, spöttelte über die Führungsschwäche des Christengottes, lachte über Clinton und seine Affäre mit Monica Lewinsky, verhöhnte Reagan, den er im Oval Office getroffen hatte und der gemeint haben soll, Sudan liege südlich von Brasilien, schimpfte Bush und Blair Lügner und äußerte sich mit Genugtuung über die bröckelnde Hegemonie des Westens und die Verlagerung der Zivilisation in den Osten. Turabi, der zwei Jahrzehnte lang die graue Eminenz einer ruinösen, Sklavenhandel treibenden und genozidalen Maschinengewehrdiktatur war, sprach über die Führer der westlichen Demokratien, als wären sie Abgesandte unterlegener, kulturloser Völker mit einem trotteligen Pseudogott.

Die charmant und selbstsicher vorgetragenen Schmähungen waren die Kontrastfolie seines eigentlichen Themas, zu dem er immer wieder zurückkehrte: die Araber und der Islam. Er pries die einst mächtigen Muslime, die der Welt so viel von ihrem Wissen gegeben hätten, in Spanien zum Beispiel, bis sie dort von den Christen verjagt wurden. Er erwähnte seine helle Haut und verwies auf seine Abstammung von der arabischen Halbinsel, sein reines arabisches Blut, über Generationen von den Vätern auf die Söhne übergegangen, nie beschmutzt durch einen Tropfen fremden Einflusses. Er freute sich über die weltweite islamische Renaissance, die an die gloriose Tradition anknüpfe, und sprach mit Stolz von den vielen jungen Muslimen, die mittlerweile in Europa an den Universitäten studierten. Als ich irgendwann die Frage einwarf, warum die arabischen Länder trotz des Ölreichtums so zurückgeblieben seien, zögerte er mit der Antwort keine Sekunde. «Wir Araber haben die höchstentwickelte Sprache der Welt», lächelte er, «und die Sprache folgt bekanntlich dem Hirn. Unsere Zungen sind aktiv, aber nicht unsere Hände. Sie lieben es nicht, hart zu arbeiten.» Dazu komme, fuhr er fort, die leichte Erregbarkeit. Ein böses Wort, und sie explodierten. «Der ständige Streit verhindert die Einheit.» Es war eine perfekte Zusammenfassung des islamo-arabischen Überlegenheitskomplexes.

Die Kluft zwischen grandiosem Selbstentwurf und Wirklichkeit der Moderne begünstigte ein geistig-emotionales Klima, das zwischen Apathie, Beleidigtsein, Wut und Allmachtphantasien wechselt. Man stilisiert sich zum Opfer, weist jede Verantwortung für seine Lage von sich, empfindet die Welt als feindliches Komplott. Wohl nirgendwo wuchern die Verschwörungstheorien üppiger als im arabischen Raum, wo Realitätsverachtung, Unfreiheit und Erzähltalent eine besonders fruchtbare Verbindung eingegangen sind. Der Drahtzieher hinter allen Drahtziehern ist längst ausgemacht und wird in einem unversiegbaren Strom an Geschichten immer wieder neu enttarnt. Schuld an allen Übeln in der Welt und insbesondere an denen der Muslime sind die Juden.

Dieser Auffassung war der Radikale Qutb, dessen Essay

‹Unser Kampf mit den Juden› eine Ansammlung giftigster Ressentiments und verleumderischer Projektionen ist. «Zerstörung der Familie», «animalische Sexualität», «atheistischer Materialismus», all das schrieb er den Juden zu. Derselben Auffassung sind heute auch der Schuhputzer in Amman, der kleine Beamte in Damaskus und die angesehensten Gelehrten unter den Muslimen wie der Großscheich Mohammed Sayyid Tantawi, Leiter der Al-Azhar-Universität in Kairo, der in seiner als Standardwerk geltenden Dissertation schrieb, Juden hätten die französische und die russische Revolution sowie die beiden Weltkriege angezettelt, würden auf der ganzen Welt Bordelle betreiben und in ihren Ritualen das Blut von Nichtjuden trinken. Als wissenschaftliche Quellen führte der 2010 in Saudiarabien verstorbene Würdenträger unter anderem *Mein Kampf* von Adolf Hitler und *Die Protokolle der Weisen von Zion* an.

Letzteres, eine antisemitische Fälschung des zaristischen Geheimdienstes, diente Hitler als Leitfaden seiner Judenpolitik und ist neben dem Koran das einflussreichste Buch in der arabischen Welt. 2002 strahlte das ägyptische Staatsfernsehen eine einundvierzigteilige Verfilmung der *Protokolle* aus, die von über zwanzig arabischen Sendern übernommen wurde. Ein Jahr darauf folgte der Hezbollah-Sender Al-Manar mit einer neunundzwanzigteiligen Serie. Produziert in Syrien, wurde sie während des Fastenmonats Ramadan gesendet und konnte via Satellit auf der ganzen Welt gesehen werden. In einer Szene verlangt ein Rabbi für die Zubereitung des ungesäuerten Brotes zum Passachfest nach dem Blut eines Christenkinds. Man schleppt den Nachbarsjungen herbei, und die Kamera zeigt in Nahaufnahme, wie die Kehle aufgeschnitten und das herausspritzende Blut in einem Becken aufgefangen wird.

Al-Manar, gesponsert vom iranischen Staat, unterhält auch mit professionell gemachten Musikvideo-Clips. Die Artisten singen und tanzen allerdings nicht für Liebe, Lust und Lebensfreude, sondern propagieren Selbstmordattentate. Sie zeigen Kinder mit Sprengstoffgürteln und verendende Israelis. In einem Cartoon jagt sich ein Knabe in der Nähe von jüdischen Soldaten in die Luft, in einem anderen fliegt ein lächelnder Junge auf einer Rakete mit Destination Israel. Im Kinderprogramm von Al-Aksa TV wiederum, einem Sender der in Gaza herrschenden Hamas, entzückte die Fernsehmaus Farfur das junge Publikum. «Was wollt ihr zum Wohl der Al-Aksa-Moschee tun?», fragte beispielsweise die lustige Maus. «Kämpfen», antwortet die kleine Sanabel. «Und was noch?» – «Die Juden auslöschen.» Jetzt war die Maus zufrieden.

Als internationaler Protest laut wurde, setzte die Hamas die Sendung ab. Nachfolger der Märtyrermaus, die man im letzten Beitrag durch einen israelischen Beamten, einen «jüdischen Terroristen» töten ließ, wurden die Biene Nahul, weiter der Hase Assud, der die Kleinen aufrief, den dänischen Karikaturisten Westergaard zu ermorden, und schließlich Nassur der Plüschbär. Am 22. September 2009 sagte der putzige Teddy: «So Allah es will, wird es keine Juden und Zionisten mehr geben. Sie werden ausgelöscht sein.» Saraa, die kindliche Gastgeberin: «Sie werden abgeschlachtet sein.» Das Al-Aksa-Programm, das auch Reportagen aus Kindergärten im Gazastreifen zeigt, wo vermummte Knirpse mit Bombenattrappen auf einen Heldentod als Suizidbomber eingestimmt werden, kann via französischen Satelliten Eutelsat in den Wohnstuben von Berlin, Paris, Rotterdam mitverfolgt werden. (Vergleiche dazu u. a. Matthias Küntzel: ‹Djihad und Judenhass. Von der zunehmenden Judenfeindschaft in islamischen Gesellschaften›, Vortrag an der Evangelischen Akademie Bad Boll, 2009.)

Die antijüdische Besessenheit und die mit ihr einhergehende Feier der Gewalt narkotisieren die elementarsten menschlichen Empfindungen wie Mitleid und Achtung vor anderem Leben und führen zu einem kollektiven Kollaps von Moral und Zivilisation. 2008 tauschte Israel ihren libanesischen Gefangenen Samir Kuntar zusammen mit vier Hezbollah-Milizionären gegen die Leichen zweier ihrer Soldaten aus. Kuntar war 1979 mit einem kleinen Kommando von Arafats PLO nach Israel eingedrungen, um mit einem Terroranschlag gegen den kurz zuvor unterzeichneten israelisch-ägyptischen Friedensvertrag von Camp David zu protestieren. Sie betraten ein Mehrfamilienhaus, warfen mit Handgranaten um sich, drangen in die Wohnung der Familie Haran ein, packten sich den Vater Danny und die vierjährige Einat und suchten nach der Mutter, die sich mit der zweijährigen Yael unter einer Treppe versteckt hatte.

Als die Polizei auftauchte, brachen sie die Suche ab und flüchteten zum nahegelegenen Strand, den Vater und die Tochter als Schutzschild benützend. Dort erschoss Kuntar vor den Augen Einats den Vater, schleppte ihn zum Meer und drückte dessen Kopf unters Wasser, bis er sicher war, dass der Mann nicht mehr lebte. Dann ging er zurück zu Einat und zertrümmerte mit dem Gewehrkolben ihren Schädel. Mutter Smadar war in der Zwischenzeit aus ihrem Versteck herausgekrochen, auf den Armen die leblose Kleine. Sie hatte unter der Treppe zu weinen begonnen, und die Mutter, in Todesangst, entdeckt zu werden, hatte ihr den Mund zugehalten. Yael war tot. Die Mutter hatte sie erstickt.

Kuntar, der noch zwei Polizisten erschossen hatte, wurde

gefasst und zu viermal lebenslänglich plus fünfundvierzig Jahren Gefängnis verurteilt. Der nur rudimentär gebildete Libanese lernte in der israelischen Haft Englisch und Hebräisch und absolvierte ein Fernstudium in Soziologie, und in einem seiner ersten Sätze nach seiner Freilassung schwor er, den «Kampf für die Zerstörung des zionistischen Regimes» weiterzuführen. Im Libanon wurde er von jubelnden Massen empfangen, sein Freitausch wurde als großer Sieg über die Zionisten zelebriert, die Feiernden schwenkten glücklich Plakate mit weinenden israelischen Frauen, die den Tod ihrer Männer und Söhne betrauerten. Kindermörder Kuntar war ein muslimischer Held. Libanon war stolz auf seinen Sohn, Syriens Präsident Bashar al-Assad schüttelte ihm persönlich die Hand, Irans Ahmadinejad überreichte ihm eine Ehrenstatuette, die Palästinensische Autonomiebehörde verlieh ihm die Ehrenbürgerschaft, und auch der Fernsehsender Al-Jazeera wollte nicht abseits stehen. Er feierte mit Kuntar seinen Geburtstag und überreichte ihm einen Krummdolch, das «Schwert der Araber».

Praktisch alle der siebenundfünfzig muslimischen Staaten sind folternde Diktaturen, nur drei – Indonesien, die Türkei und der Irak – sind gefährdete Halbdemokratien. Kein Regime kann sich aber auf die Dauer behaupten, wenn es sich gegen das elementare Rechtsempfinden, gegen Mentalität und Tradition der Bevölkerung wendet. Die autoritäre Gewalttätigkeit des Systems muss eine Entsprechung im zivilen Alltag haben, weil sonst die Vollstreckung auf unüberwindbaren Widerstand stoßen und Aufstände provozieren würde. Tatsächlich regulieren sich die Familien, die Clans und die übrigen sozialen Organisationen mit Sanktionssystemen, in denen schmerzhafte körperliche Züchtigungen zentrale Mittel sind. Was in westlichen Ländern als Gesetzesbruch vor den Richter käme, gilt in Nuakschott, Täbris oder Lahore als normal.

Kopfnüsse, Ohrfeigen, Stockschläge, Fußtritte gehören zum Erziehungsstil in Durchschnittsfamilien sowie in den Madrassas, wo die Schüler die arabischen Koransuren auswendig lernen müssen, auch wenn sie kein Wort davon verstehen. Auspeitschen, Verstümmeln, Köpfen, Hängen, unter einer einstürzenden Steinmauer Begraben – dies sind in vielen Ländern traditionsgeeichte Strafen für so unterschiedliche Delikte wie Fluchen, Diebstahl, Hexerei, Glaubensabfall, Homosexualität. Die Frau ist Besitz des Ehemanns und ist ihm absoluten Gehorsam schuldig. Er darf sie verprügeln, wenn ihm ihr Essen nicht schmeckt, wenn sie ihm widerspricht, wenn sie keinen Sex haben will, wenn es ihm darum ist, sie zu verprügeln. Es ist ihre Pflicht, jede seiner Launen geduldig zu ertragen und allen seinen Wünschen zu entsprechen. Lebt sie im Iran oder in Mauretanien oder im Sudan oder in Saudi-Arabien, verliebt sich in einen anderen Mann und begeht Ehebruch, wird sie bis zur Brust eingegraben und von den versammelten Männern mit Steinen beworfen, bis ihr Kopf eine blutige Masse und sie tot ist. Das islamische Recht kennt keine mildernden Umstände. Es ist beispielsweise unerheblich, ob die Frau vom Mann regelmäßig halb totgeschlagen wurde, er ihr aber jeden Arztbesuch verboten hat. Oder ob sie zum Zeitpunkt der arrangierten Heirat erst dreizehn und er schon sechzig Jahre alt war. Dagegen ist die Art der Steine vorgeschrieben. Sie sollen scharfkantig, aber nicht größer als eine Faust sein, damit die Verurteilte nicht in die Gnade eines schnellen Todes kommt.

Der aus dem Irak stammende Autor Kanan Makiya hat in seinem 1994 erschienenen Buch *Cruelty and Silence* das beschämende Schweigen eines Großteils der arabischen Intelligenz zu der außergewöhnlichen Brutalität nahöstlicher Tyrannen wie Saddam Hussein angeprangert. Er erhob den Vorwurf, wahrscheinlich zu Recht, von Feigheit und moralischer Korruption. Die Stille könnte aber auch mit einer generellen Verrohung des alltäglichen Lebens zu tun haben, mit einer alle Schichten erfassenden sozialen Indolenz, die durch das Leiden anderer nicht berührt wird, und wenn doch, dann im Sinn von Schadenfreude oder sadistischer Genugtuung. Etwas Ähnliches meinte der in Tunesien geborene Pariser Schriftsteller Abdelwahab Meddeb, als er sagte, die 1997 von Muslimfanatikern verübten «Blutbäder am Kairoer Museum oder in Luxor sind keine Taten, die vom geistigen Klima zu trennen wären, sie stellen die Umsetzung des gemeinschaftlichen Denkens in Taten dar».

Vor einigen Jahren erzählte mir mein Berufskollege Urs Gehriger, wie er sich im jordanischen Zarqa mit einer Gruppe einheimischer Männer über den damals im benachbarten Irak aktiven Al-Kaida-Kommandanten Zarkawi unterhalten hatte. Der Gotteskrieger, ein ehemaliger Kleinkrimineller aus Zarqa, hatte es in den Islamistenmilieus durch Effizienz und Skrupellosigkeit zu großer Prominenz gebracht. Er verfügte über Waffen, Laptops, reiche arabische Sponsoren, Sprengstoffexperten und eine Armee von willigen Selbstmordattentätern. Schon in den Neunzigern hatte er ein vier Kontinente umspannendes Terrornetzwerk aufgebaut. Den Jihad in Irak eröffnete er mit der Sprengung des Uno-Hauptquartiers in Bagdad, er tötete viele Rekruten, Polizisten, Angestellte der Regierung, bastelte an der Entwicklung einer schmutzigen Bombe, jagte ein Luxushotel in Amman in die Luft, führte eine Terrorkampagne gegen die «schiitischen Schlangen» und trieb den Irak an den Abgrund eines Bürgerkriegs.

Am bekanntesten wurde er aber durch seine Enthauptungen. Er verschleppte ausländische Helfer und Kontraktarbeiter, aber auch einheimische Übersetzer und Fahrer, schnitt ihnen vor laufender Kamera den Kopf ab und stellte die Videos ins Internet, wo sie weltweit millionenfach heruntergeladen wurden. Die Aufnahme der Hinrichtung des Nicholas Berg mit dem Titel «Scheich Abu Musab al-Zarkawi schlachtet eigenhändig einen amerikanischen Ungläubigen» wurde in den USA häufiger angeklickt als die Erotikclips von Britney Spears oder Paris Hilton, und in Malaysia so oft, dass die Server zusammenbrachen. Zarkawi, «Prinz der Metzger», war ein Pionier in Sachen Internet-Jihad. Die Amerikaner hatten ein Kopfgeld von fünfundzwanzig Millionen Dollar auf ihn ausgesetzt – nur dasjenige von Bin Laden war mit fünfzig Millionen höher.

Die Männer, mit denen Gehriger sprach, kannten Zarkawi. Einer hatte mit ihm im Gefängnis gesessen, als er noch Alkohol trank und Leute verprügelte, ein anderer hatte mit ihm in Afghanistan gekämpft, ein Dritter war sein ehemaliger Nachbar. Es waren Familienväter aus eher ärmlichen Verhältnissen, normale Araber, wie man sie in jedem Kaffeehaus trifft. Sie lobten Zarkawis Mut und unbeugsamen Willen und kannten die Höhe seines Kopfgeldes, aber keiner äußerte irgendetwas Negatives über ihn. Sie meinten auch, dass er in seiner Heimatstadt sehr populär sei, vor allem bei den Jungen. Gehriger war aufgefallen, dass viele der Burschen in der Stadt eine dunkle Wollmütze trugen, eine Rappermütze, dieselbe wie Zarkawi auf einem seiner bekannten Fotos.

Dann empfing einer der Männer eine Botschaft auf seinem Handy. Er schaute sie an, zusammen mit seiner kleinen Tochter, die auf seinem Bein schaukelte, zeigte sie seinen

Kollegen, die belustigt hinguckten und lachend Kommentare abgaben, und reichte das Handy schließlich Gehriger, der dachte, es handle sich um irgendeine kuriose Mitteilung, einen Witz oder ein Bildchen. Es war aber keine Scherzmeldung, es war ein Enthauptungsvideo. Alle Männer der Runde, stellte sich heraus, schauten regelmäßig die neuesten Hinrichtungsvideos an, die sie jeweils umgehend an ihre Bekannten weiterleiteten, und beliebt bei ihnen waren auch jene Aufnahmen von amerikanischen Soldaten, die von Straßenbomben zerrissen oder vom Mob zerstückelt wurden. Sie ergötzten sich an der tiefsten Erniedrigung und Auslöschung von Menschen und fanden nichts Anstößiges daran.

Die offene oder heimliche Bewunderung breiter Schichten für die Suizidbomber bedeutet nicht, dass sie auch bereit wären, sich selber für ein künftiges Kalifat in die Luft zu jagen. Aber es zeigt, dass sich weite Teile des Islam schon länger vom Pakt mit der Moderne abgemeldet haben. Ginge man von der Vorstellung aus, dass steter Fortschritt ein Gesetz der menschlichen Geschichte sei, müsste man feststellen, dass dies für die arabische Welt nicht gilt. Sie hat sich rückwärts entwickelt. Statt auf mehr Bildung, Wohlstand und Freiheit trifft man auf mehr Wunschdenken, Verwahrlosung, Endzeitdelirium und auf eine Kultur der Grausamkeit, die nicht nur die eigenen Gesellschaften stranguliert, sondern auch in den Westen und die restliche Welt übergeschwappt ist.

Wo der radikale Islam regiert, erstickt er die Freiheit, und alles stirbt ab. Intelligenz, Lebendigkeit, Neugierde, Menschlichkeit. So geschah es in Afghanistan, wo die Taliban außer ein paar neuen Moscheen nur Trümmer hinterließen, so geschieht es im Iran, wo sich nach dreißig Jahren Macht die herrschende Kaste der Mullahs nur noch mit Schlägertrupps vor der Wut der Bevölkerung in Sicherheit bringen kann.

Außer dumm-religiösen Schwadronaden haben die heiligen Eiferer nicht einmal die Karikatur eines politischen oder wirtschaftlichen Konzepts anzubieten. Es interessiert sie nicht. Alles, was man wissen muss, hat Gott im Koran offenbart, und Gott ist auch die Ursache aller Dinge und Ereignisse. Er entscheidet über Gesundheit und Krankheit, über Schnee oder Regen (die Taliban zerstörten die einzige Wetterstation des Landes, weil es Hexerei sei, den Willen Gottes voraussagen zu wollen), über das Gelingen eines Unternehmens.

Dem Frommen obliegt es lediglich, seinen vielen religiösen Pflichten vom täglich fünfmaligen Beten bis hin zum Krieg für das imperiale Kalifat nachzukommen. Das Resultat seiner Handlungen kann er nicht beeinflussen, es liegt nicht in seiner Verantwortung, aber es gibt ihm Auskunft, ob Gott ihm wohlgesonnen ist oder nicht. Ein Video zeigt Bin Laden und einige seiner Getreuen in den afghanischen Bergen kurz nach den 9/11-Anschlägen von New York. Er sei «überglücklich», teilte der Terrorscheich salbungsvoll mit, sie hätten nicht damit gerechnet, dass die ganzen Türme einstürzen würden. «Das war mehr, als wir erhoffen durften», sagte er mit der tiefen Genugtuung desjenigen, der Gott bei seinem Vorhaben auf seiner Seite weiß.

Chaos, Zerstörung und Entsetzen sind die Wegmarken der Radikalen. Je größer die Furcht, die sie verbreiten, desto mächtiger glauben sie zu sein. Flehende Opfer und die Angst der Davongekommenen sind ihre *raison d'être*, die Zeichen der Erwähltheit. Um die Panik aufrechtzuerhalten, praktizieren sie eine Politik des permanenten Ausnahmezustands, der ständigen Drohung mit dem Äußersten. Die Islamisten hatten schnell gelernt, dass man sich nur als Opfer präsentieren, ein wenig laut werden und wild mit den Augen rollen muss, und schon bricht in den Hauptstädten von Europa und Amerika der Angstschweiß aus. Und mit Genugtuung können sie feststellen, dass sie immer häufiger nicht einmal mehr selber drohen müssen, um die Westler zur islamistischen Raison zu bringen. Diese kommen ihnen zuvor.

Wie zum Beispiel im Sommer 2010, als ein christlicher Prediger namens Terry Jones aus Gainesville/Florida auf Facebook den 11. September zum «Internationalen Verbrenne-einen-Koran-Tag» erklärte und mitteilte, höchstpersönlich mit gutem Beispiel voranzugehen. Er hoffe auf zahlreiche spirituelle oder sonstige Unterstützung und gab für alle Fälle seine Bankverbindung an. Pfingstgemeindler Jones mit dem Bikerschnauzer war seit dreißig Jahren im Missionsgeschäft. Er war durch halb Europa getourt und hatte sich schließlich in Köln niedergelassen, wo er als Charismatiker, der in Zungen reden und von Gott Zeichen empfangen kann, einige Anhänger um sich scharte.

Ungereimtheiten um verschwundene Kollektengelder und eine Verurteilung wegen Tragen eines falschen Doktortitels führten dazu, dass sich die Gemeinde wieder von Jones abwandte. Der ehemalige Hotelgewerbler musste sich eine neue Wirkungsstätte suchen und wurde fündig im feuchtheißen Gainesville, einer Stadt mit hunderttausend Seelen, zwanzig Konfessionen und dem höchsten Lebensstandard Amerikas. Trotz transzendentaler Begabung und Intensivbeten prallten jedoch Jones' Verkündungen auf verstopfte Ohren, und er kämpfte mit chronischen Geldnöten. Die Eingebung zum Internationalen Verbrenne-einen-Koran-Tag kam ihm just in der Zeit, als der Staat Florida Nachsteuern für eine nicht deklarierte eBay-Firma einforderte und er seine von vielleicht dreißig Schäfchen besuchte Kirche samt Umschwung zum Verkauf anbieten musste.

Jones' Facebook-Eintrag verließ schnell die Sphäre der evangelikalen Bibelfreunde, verbreitete sich mit exponentiell zunehmender Beschleunigung und raste schließlich mit der Geschwindigkeit eines psychotischen Schubs um die ganze Welt. Der Pastor, wahrscheinlich selber überrascht, hatte den Panikknopf gedrückt. Keine Zeitung, kein Fernsehsender, keine Radiostation, die nicht darüber berichtete, und es gab keinen Kommentator, der sich nicht bemüßigt fühlte, den Plan aufs Schärfste zu verurteilen. Der «Irre» sei eine «Bedrohung für den Weltfrieden», prophezeite die deutsche ZEIT, die allgemeine Stimmung zusammenfassend. Die Uno zog nach, der Papst ebenfalls, Interpol warnte alle hundertachtundachtzig Mitgliedstaaten vor möglichen Anschlägen. Der amerikanische Verteidigungsminister Robert Gates, Justizminister Eric Holder, Außenministerin Hillary Clinton – «eine schändliche Handlung» – stellten sich entschieden gegen die Verbrennung, wie auch General Petraeus, Befehlshaber der Nato in Afghanistan, der vor negativen Konsequenzen für seine Truppen warnte. Alle machten sie tiefbesorgte Mienen, die ganze politisch-militärische Hierarchie hinauf bis zum mächtigsten Mann der Welt, Präsident Obama, der an den Pastor appellierte, auf die «zerstörerische Tat» zu verzichten, die eine «Goldgrube für Al-Kaida-Rekrutierungen», eine «große Gefahr für unsere jungen Frauen und Männer in Uniform in Afghanistan und dem Irak» wäre und dazu führen könnte, dass sich Leute in «Amerika und Europa in die Luft jagen».

Es war wie eine Groteske, eine Theatersatire, in dem die Abläufe der realen Welt auf den Kopf gestellt werden. Der bankrotte Borderline-Prediger mit der Minigefolgschaft wird präsentiert als Mann, der es in der Hand hat, einen Weltbrand auszulösen. Die Führer der Supermacht Amerika wiederum agieren wie die eingeschüchterten Vertreter eines von gewaltigen fremden Heeren umstellten Kleinstaats. Sie wagen sich kaum zu rühren und versuchen reflexartig jede Äußerung zu ersticken, von der sie glauben, sie könnte draußen als Provokation wahrgenommen werden. Sie umwerben die angeblich gekränkte Seite mit Lobhudelei und Entschuldigungen, betonen ungefragt, dass sie weiterhin ihre Glaubenstempel errichten dürfe, ohne dass diese auch nur die geringsten Anstalten machen würde, sich zu revanchieren. Sie schwenken die weiße Flagge des Friedens, im bangen Glauben, das mit dem Kiefer mahlende Gegenüber versöhnlich zu stimmen, auf dass es sie verschone.

Im Hintergrund hört man das zufriedene Schmatzen und Allahu-akbar-Murmeln der Islamisten. Sie nehmen die Aufregung des Westens, die Dialogangebote und Schmeicheleien als Verhandlungsangebote eines in die Enge getriebenen Feindes an und als Beweis ihrer wachsenden Überlegenheit. Paranoia auf der einen, Größenwahn auf der anderen Seite: Alle Akteure verwechselten die auf sie projizierten Bilder und Illusionen mit der Realität, inklusive das gebannte Publikum. «Aufatmen in den USA», schrieb der deutsche *stern* ohne Ironie, nachdem Jones unter dem geballten Druck der religiösen und politischen Oberhäupter des Westens, respektive nachdem er ein «Zeichen Gottes» empfangen hatte, zwei Tage vor dem 11. September bekanntgab, «nicht jetzt und auch nicht in Zukunft» einen Koran zu verbrennen. Nicht nur Amerika, auch Europa atmete auf. Als wäre soeben ein gigantischer Meteorit knapp an der Erde vorbeigesaust.

Der radikale Islam braucht keinen Grund, um zuzuschlagen. Der Zerstörungswille ist immer schon vorher da. Der Westen kann sich verdrehen und verbiegen, wie er will, nichts wird den Hass der Radikalen beeinflussen. Er wird gehasst, weil er der Feind ist, und nicht, weil er sich falsch verhalten hat. Er ist der Feind, den man vernichten will, und es findet sich leicht ein Vorwand, die Kriegsrage zu mobilisieren. Dies kann ein Kurzfilm sein, der die rechtlose Stellung der Frau im Islam aufzeigt; eine harmlose Karikatur, die den Propheten als Araber mit Bombe im Turban zeichnet; das Schleierverbot in einem nichtmuslimischen Land; ein Teddybär, dem Lehrerin und Schulklasse den Namen Mohammed gegeben haben; amerikanische Truppen in Afghanistan, auch wenn die meisten Afghanis den Einmarsch begrüßt hatten. In keinem der Fälle geht es um gekränkte islamische Religiosität, immer geht es um Wutrituale, um Feindeinschüchterung, um das Machtgefühl kollektiver Verschmelzung, das von der Moschee auf die Straßen getragen wird.

Sogar die Todesfatwa von Ayatollah Khomeini gegen Schriftsteller Salman Rushdie verdankte sich einem psychopolitischen Machtmanöver und keinem religiösen Schmerzensschrei. Sein Roman *Satanische Verse* erschien 1988 und enthielt ironische und satirische Passagen über den Islam und seinen Propheten. Die Muslime schenkten dem Buch vorerst keine Beachtung, bis Saudi-Arabien Gelder bereitstellte, um ein Verbot des Buches zu erwirken. Plötzlich entdeckten sie ihre Wut, und im englischen Bradford setzte sich die erste Gruppe empörter Korangläubiger in Marsch und verbrannte im Stadtzentrum eine Kopie der *Satanischen Verse*. Die Bilder wurden auf der ganzen Welt gesehen, worauf der Iran reagierte und anfangs 1989 versuchte, mit dem Todesurteil die Initiative an sich zu reißen. Die Rushdie-Affäre war in erster Linie ein Machtkampf zwischen den schiitischen Extremisten in Teheran und den sunnitischen Fundamentalisten im arabischen Riad um die Führung in der muslimischen Welt.

Der Westen war eine der verschiedenen Bühnen dieses über tausend Jahre alten Kampfes, aber keinesfalls seine Ursache.

Immer wieder versuchen Experten einen strategischen Sinn hinter Selbstmordattentaten und Terroranschlägen wie in Madrid oder London oder New York auszumachen. Aber es gibt keinen. Die Operationen folgen keiner militärischen Vernunft, passen in kein taktisches Konzept, sind ohne Aussicht auf einen Sieg über den Feind. Sie gehorchen irrationalen Beweggründen und nicht nüchternen kriegerischen Nutzrechnungen. Hinter ihnen steht eine apokalyptische Ideologie, deren Politik sich am maximalen Schrecken und nicht am klugen Terraingewinn orientiert.

Das Prinzip der gegenseitigen Abschreckung, das während des Kalten Krieges seine Wirkung zeigte, hat für die radikalen Islamisten keine Bedeutung. Sie lieben den Krieg. Nie sind sie Gott näher als auf dem Schlachtfeld. Und noch mehr als Feinde zu töten, lieben sie es, dabei selber zu sterben. «Gibt es eine Kunst, die schöner, heiliger, ewiger ist als die Kunst des Märtyrertodes?», so Ahmadinejads rhetorische Frage. Es ist unwichtig, ob die Jihadis gewinnen oder untergehen. Der Triumph des Kalifats liegt ohnehin allein in Allahs Willen. Entscheidend ist nur der Kampf an sich. Die Lüste des Paradieses sind eine süße Aussicht, ein Beruhigungsmittel gegen allfällige Zweifel. Aber das eigentliche Paradies findet schon auf Erden statt. Der Heilige Krieger ist an keinerlei Gesetze gebunden, weder an weltliche, moralische oder physische. Er steht jenseits von Angst, Schmerz oder Mitleid, jenseits von allen irdischen Beschränkungen, jenseits von Gut und Böse. Er ist absolut frei. Wer leben soll oder sterben, liegt in seinem Belieben, er entscheidet sogar über den eigenen Tod. Die allerletzten Worte widmet der Märtyrer seinem Gott. Aber in Wirklichkeit preist er sich selber. Er hat dessen Stelle eingenommen, er ist der neue Gott. Für einen winzigen Moment, für die Zeitspanne zwischen dem Drücken des Zündungsknopfes und der Explosion des Sprengstoffs, erlebt er die kalte Ekstase der absoluten Macht.

«Dann fanden wir einen amerikanischen Ungläubigen. Ich schoss ihm in den Kopf, und sein Kopf explodierte. Wir gingen in ein anderes Büro und fanden einen Ungläubigen aus Südafrika, und unser Bruder Hussein schnitt ihm die Kehle durch. Wir baten Allah, diese fromme Tat von uns anzunehmen. (…) Dann fanden wir einen schwedischen Ungläubigen. Bruder Nimr schnitt ihm den Kopf ab und stellte diesen am Tor aus, so dass ihn alle sehen konnten. (…) Wir fragten die Menschen, die wir trafen, nach ihrem Glauben. Wir fanden philippinische Christen. Wir schnitten ihnen die Kehle durch und weihten sie unseren Brüdern, den Mujaheddin in den Philippinen. Danach begaben wir uns in ein Hotel. Wir fanden ein Restaurant, wo wir frühstückten und uns eine Weile ausruhten. Dann stiegen wir in den nächsten Stock, trafen einige Hindu-Hunde und schnitten ihnen die Kehlen durch. Ich sagte den Brüdern, sie sollen sie auf der Treppe liegen lassen, damit die Thagut-Truppen [islamische Verräter] sie sehen würden, wenn sie eindrangen, und einen Schrecken kriegten. Aber es scheint, dass ich zu gut von diesen Feiglingen gedacht hatte, denn sie drangen nicht ins Hotel ein, nachdem wir es verlassen hatten.»

Dieser Bericht eines Anführers der Al-Quds-Brigaden erschien auf einer islamistischen Website. Die Terroristen hatten am 29. Mai 2004 im saudischen Khobar eine von Ausländern bewohnte Wohnanlage gestürmt und zweiundzwanzig Menschen umgebracht. (Siehe www.memri.org vom 15. Juni 2004.) Die einschlägigen Websites sind voll mit ähnlichen

Beiträgen, mit Köpfungsvideos, Mordaufrufen. «Möge Allah», hieß es auf dem Internetmagazin *Sada al-Jihad* nach dem gescheiterten Autobombenanschlag von 2007 im Zentrum Londons, «möge Allah der muslimischen Nation jemanden schicken, der sie [die Ungläubigen] noch grausamer töten wird, in ihre Seelen Terror sähen, ihre Herzen herausreißen, ihre Köpfe abschneiden, ihre Glieder Stück für Stück abhacken und ihr Blut in Strömen fließen lassen wird.»

Bevor einer der Ihren loszieht, um irgendwo in der Welt sich und möglichst viele Ungläubige in den Abgrund zu reißen, teilt er vor einer Videokamera seinen Plan der Gemeinde mit. Das Massaker ist sein Glaubensbekenntnis, mit dem Tod beginnt sein Leben als Gesegneter. Den Bart frisch gestutzt, das Stirnband sorgfältig gebunden, die Kalaschnikow vor der Brust gegen den Himmel gereckt, wirkt er ernst wie der junge Bräutigam, der gleich zum ersten Mal zu seiner jungfräulichen Braut geführt werden wird.

Dies ist der Kern des radikalen Islam: Er ist ein Todeskult. Seine Krieger sind Partisanen des Nichts. Ihr Kalifat ist die Verneinung der Schöpfung, eine schwarze Utopie, die Herrschaft des Antihumanen.

Ihre Religion heißt Sadismus, ihre Gebete sind der Albtraum jedes empfindsamen Lebewesens, ihre Messen sind Orgien der Verstümmelung. Die Jihadisten sind nicht verzweifelt oder unglücklich oder auf eine verdrehte Art idealistisch. Sie vergotten die eigene Allmacht. Sie preisen das Niedrigste im Menschen und zelebrieren den Kollaps der Zivilisation. Der radikale Islamismus verkörpert die zeitgenössische Ideologie des Bösen.

Die Freude
am Feuer

Seit einiger Zeit geht in der Stadt ein Brandstifter um, der sich als Hausierer ausgibt, sich Zugang zum Dachboden verschafft und dort sein Werk vollbringt. Die Polizei sucht immer noch vergeblich nach dem gefährlichen Pyromanen, als es an der Villa des Haarwasserfabrikanten Gottlieb Biedermann klingelt. Dieser öffnet dem großen, kräftigen Mann, der sich als Josef Schmitz, ehemaliger Schwergewichtsringer und Obdachloser vorstellt und klagt, von den Leuten als Brandstifter verdächtigt zu werden. Er appelliert an die Barmherzigkeit des Hausherrn, dieser möge ihm etwas zu essen und für eine Nacht Unterschlupf gewähren, und Biedermann, der soeben kaltherzig einen treuen Angestellten auf die Straße gestellt hat, sieht die Möglichkeit, sich als Menschenfreund zu präsentieren. Er überlässt Hausierer Schmitz den Dachboden seiner Villa. So beginnt das Stück *Biedermann und die Brandstifter* von Max Frisch, uraufgeführt 1958 im Schauspielhaus seiner Heimatstadt Zürich.

Im weiteren Verlauf versucht Biedermanns misstrauische Ehefrau, Schmitz wieder loszuwerden. Aber er weckt ihr Mitleid, indem er sich für seine ungehobelten Manieren entschuldigt, die Folge einer schweren Kindheit in Armut und Waisenhaus. Ein Kollege von Schmitz taucht auf, der elegante und redegewandte Wilhelm Eisenring, der sich als angeblicher Vertreter einer Feuerversicherung Zugang zum Haus verschafft. Auch er wird mit der Geschichte einer traumatisierenden Demütigung aufwarten. In seiner früheren

Arbeit als Kellner habe er sich die vom Gansbraten Servieren fettigen Finger an den eigenen Haaren abwischen müssen, während die feinen Herrschaften Wasserschälchen benutzten.

Je zahlreicher die Hinweise werden, dass Schmitz und Eisenring die gesuchten Brandstifter sind, desto hartnäckiger sträubt sich Hausherr Biedermann, aus ihnen die richtigen Schlüsse zu ziehen. Er trifft die beiden auf dem Dachboden inmitten von Benzinkanistern, die sie in der Nacht zuvor hinaufgeschleppt haben. Im selben Moment taucht ein Polizist auf, um ihm die Nachricht vom Selbstmord des gekündigten Angestellten zu überbringen. Als er die Kanister sieht, fragt er nach deren Inhalt. «Haarwasser», antwortet Biedermann, weil es in diesen Tagen verboten ist, Benzin im Estrich zu lagern, und der Polizist, der keinen Grund sieht, dem Fabrikanten nicht zu glauben, zieht wieder ab.

«Ein bisschen Vertrauen, Herrgottnochmal, muss man schon haben. Nicht immer nur das Böse sehen», gibt Biedermann den toleranten Zeitgenossen und belügt sich dabei selbst. Wie vor ihm seine Frau wollte auch er die beiden Dachbewohner wieder wegschicken. Aber sein schlechtes Gewissen respektive die Angst um sein Ansehen wegen des Suizids seines früheren Mitarbeiters, und noch viel mehr die Angst vor einem Brandanschlag der zwei Männer hindern ihn daran. Im Grunde weiß er mittlerweile, wer sie wirklich sind, und um sie milde zu stimmen, lädt er sie zu einem festlichen Gansbraten ein. Er biedert sich bei ihnen an und hofft, dass sie ihn verschonen.

Schmitz und Eisenring, die seine Angst genau registrieren, werden immer dreister. Sie beginnen offen von Zündkapseln und brennbarer Holzwolle zu reden und messen die Zündschnur aus, während Biedermann ihnen dabei hilft. Er redet sich ein, dass sie nur derbe Scherze treiben und lacht laut mit ihnen mit. Als man in der Ferne die Sirenen der Feuerwehr hört, atmet er auf. Gut, dass es nicht bei ihnen brenne, meint er, worauf Eisenring entgegnet, dies sei ihre Taktik. «Wir holen die Feuerwehr in ein billiges Außenviertel, und später, wenn's wirklich losgeht, ist ihnen der Rückweg versperrt.» In einer Mischung aus Panik und Verblendung schiebt Biedermann den beiden eine Packung Streichhölzer zu. Er will ihnen den ultimativen Beweis seines Vertrauens in ihre Freundschaft demonstrieren, indem er sein Schicksal in ihre Hände legt. Die vorbehaltlose Unterwerfung soll ihn retten, und er merkt nicht, dass er mit dieser Geste bereits aufgehört hat zu leben. Schmitz und Eisenring verschwinden, und kurz darauf steigen Flammen aus seinem Haus, und im Lärm explodierender Gasometer greift das Feuer auf die Nachbarshäuser über und brennt schließlich die ganze Stadt ab.

Das Stück gehört zu den Klassikern der Nachkriegsliteratur, wird bis heute auf internationalen Bühnen erfolgreich gespielt und zieht eine interessante Rezensionsliteratur hinter sich her. Frisch selber wurde durch die bolschewistische Machtusurpation von 1948 in der Tschechoslowakei zum Thema inspiriert, wie er in seinen Tagebüchern festhält. Und ebenso interpretierten die meisten Kritiker aus der damaligen Zeit das Stück: als eine «kritische Satire gegen den Kommunismus», gegen die «bolschewistischen Brandstifter». Als das Feuilleton im Zuge der Achtundsechziger links und Antikommunismus zum Codewort für reaktionäre Geisteshaltung wurden, erfuhr das Stück eine neue Auslegung. Es wurde gelesen als Parabel über den Aufstieg Hitlers, der durch opportunistische, feige Kleinbürger wie Biedermann ermöglicht wurde. In der Figur Biedermann glaubte die rebellierende Jugend ihre Professoren, Vorgesetzten, Richter wiederzuerkennen.

Warum legen die Brandstifter im Bühnenstück die Brände? Frisch hat mit der Nebenfigur Dr. phil. darauf eine Antwort gegeben. Dr. phil. ist ein Komplize des Duos, ein akademischer Brillenträger, der glaubt, die Brandstiftung diene einem höheren Zweck. «Weltverbesserer» wird er von Eisenring verächtlich genannt. Die Zündschnüre sind gelegt, das Inferno ist vorbereitet, als er in der Schlussszene beim Abendessen auftaucht, um sich vom Brandanschlag zu distanzieren. Er verliest ein Schriftstück, wovon aber wegen der Sirenen, der Sturmglocken und des Feuerprasselns niemand ein Wort versteht: Die Tat sei ein Verbrechen, denn er habe realisiert, dass seine Kumpane nicht aus ideellen Motiven handelten. «Die machen es», schließt er, «aus purer Lust.» Dr. phil., im Versuch, sich aus seiner tiefen Verstrickung herauszureden, gibt damit die knappestmögliche Definition des Bösen.

An einer Stelle im «Lehrstück ohne Lehre», wie Frisch sein Drama bezeichnet hat, verrät Brandstifter Eisenring sein Geheimnis, warum es ihm gelingt, die Leute zu täuschen und ihr Vertrauen zu gewinnen. «Scherz ist die drittbeste Tarnung. Die zweitbeste: Sentimentalität. Aber die beste und sicherste Tarnung ist immer noch die blanke und nackte Wahrheit. Die glaubt niemand.» Die Theaterburleske fand ihre unfreiwillige Fortsetzung in der realen Welt. Die «Lust am Feuer» als einziger Antrieb der Brandstifter wird von den Rezensenten regelmäßig erwähnt und als «das Böse» identifiziert, aber mit dieser Feststellung ist das Thema auch schon abgeschlossen. Es fällt ihnen nichts mehr dazu ein. Sie analysieren die Bedingungen des Bösen, die jämmerlichen Charaktereigenschaften Biedermanns, die unheilvolle Verknüpfung der Ereignisse. Ihre Analysen spiegeln den kulturellen Konsens, dass es nur ein sogenannt Böses gibt, ein Böses in Anführungszeichen, und daher übergehen sie eine zentrale

Aussage des Dramas. Eisenrings «blanke und nackte Wahrheit» ist die, dass das Böse eine eigenständige Kraft ist, und seine Einschätzung, diese Wahrheit glaube niemand, wird durch die Reaktionen der literarischen Experten bestätigt.

Man kann das Böse nicht erklären, sagt das Stück, aber es existiert. Man kann es nicht verstehen, aber man kann es beschreiben. Es ist eine Triebkraft, eine Leidenschaft, die nichts außer sich selbst kennt. Es ist kein Resultat der Umstände, es ist vielmehr stärker als diese. Die Brandstifter erwähnen schlimme Erlebnisse in ihrer Vergangenheit, die aus ihnen potentielle Verbrecher gemacht hätten. Aber es sind Lügen, um die Hauseigentümer zu manipulieren und die Lust am Feuer ausleben zu können. Hinter dem Bösen steckt keine Pathologie, keine Verzweiflung, keine Rache für erlittenes Unrecht. Hinter ihm steht nichts anderes als die Entscheidung, Böses zu tun.

Wir tragen in uns ein uraltes Erbe an zerstörerischen Neigungen, aber die allermeisten von uns haben auch einen in Instinkt und Erziehung wurzelnden Sinn für Recht und Unrecht. Der Mensch ist das moralische Tier. Nur unsere Spezies steht vor der Wahl, sich für das Gute oder das Böse entscheiden zu müssen. Der Pyromane, der seinen Allmachtgelüsten nachgibt, der Schläger, der dem wehrlosen Opfer in den Kopf tritt, der Bandit im somalischen Mogadischu, der eine arme Marktfrau ausraubt, der Triebverbrecher – sie alle wissen, dass ihre Handlungen unrecht sind. Sie brechen elementare Regeln, die das Entstehen von Zivilisationen erst möglich gemacht haben und die jedes Kind in jeder Kultur versteht. Sogar die islamistischen Lebendbomben ahnen bis zuletzt, dass sie Mörder und keine Gesegneten sind. Ihre autosuggestiv erzeugte Dauerwut verrät sie ebenso wie ihr obsessives, jede Realität auf den Kopf stellendes Beharren darauf, der Islam werde verfolgt. Es sind Tricks, das Böse moralisch zu tarnen, eine perverse Referenz an das universale menschliche Gesetz, welches verbietet, wehrlose Unschuldige zu verletzen, berauben oder töten.

Vor der Handlung existierte der Wunsch, und aus ihm reifte der Plan. Die Täter hätten jederzeit die Möglichkeit gehabt, sich dagegen zu entscheiden. Andere mit der gleichen Ausgangssituation haben völlig anders gehandelt. Auch die genaueste Prognostik wird das Verhalten der Menschen nie voraussagen können. Es orientiert sich nicht lediglich an ökonomischen, psychologischen, soziologischen, biologischen Modellen und auch nicht an einer Kombination aus allen zusammen. Ebenso wird es beeinflusst von irrationalen Impulsen und Leidenschaften, von selbstlosen Akten der Liebe und Großherzigkeit wie auch von der Lust an der Grausamkeit und am Hochgefühl der Allmacht. Letzte Instanz aber, die über eine Tat entscheidet, bleibt der Einzelne selbst. Ob er den anderen tötet oder ihm beisteht, liegt in der Verantwortung seines individuellen, von nichts ableitbaren freien Willens.

Das Böse begleitet die Humangeschichte. Es ist nicht heilbar, nicht umerziehbar, nicht wegfinanzierbar. Es ist die Bedingung der menschlichen Freiheit, und man kann es nur abschaffen, wenn man den Menschen abschafft. Die Kraft des Bösen ist gewaltig. So sehr es lähmende Angst verursacht, so sehr lockt es mit verführerischen Angeboten. Es unterbricht die Monotonie des Alltags, bedeutet Spannung und Intensität, verspricht die Befreiung von Zwängen und Grenzen. Das Böse zu erkennen, wenn es auftaucht, ist nicht immer einfach, aber wenn es gelingt, ist es von entscheidendem Vorteil. Die Existenz des Bösen hingegen zu verneinen, ist der schnurgerade Weg, sich ihm auszuliefern. Der Biedermannsche Pa-

zifismus des Westens reagiert auf hässliche Gewaltvorkomm-
nisse mit reflexartigem Wegschauen und zwanghaften Be-
schwichtigungen. Je abscheulicher eine Tat ist, desto weniger
ist der Täter dafür verantwortlich – dies gilt als Universaldia-
gnose für tödliche U-Bahnschläger und Terrorgruppen wie
die Hamas. Der westliche Therapeutismus infantilisiert den
bösartigen Kriminellen, und er missversteht Weltpolitik als
konfliktlösungsorientiertes Gruppengespräch. Geben sich
aber Individuen oder ganze Kollektive solchen Illusionen einer letztlich gutartigen Welt hin, verlieren sie die Fähigkeit,
Gefahren zu erkennen. Sie schätzen die Motive ihres Gegen-
übers falsch ein und lassen sich leicht übertölpeln. Sie fallen
auf ein Manöver herein, welches von Baudelaire, dem Dichter
der *Blumen des Bösen*, nicht ohne Bewunderung beschrieben
worden war: «Die größte List des Teufels war es, uns zu überzeugen, dass es ihn nicht gibt.»

Inhalt

Amy Chua
Die Mutter des Erfolgs
Wie ich meinen Kindern
das Siegen beibrachte

Aus dem Englischen von Barbara Schaden
256 Seiten, mit 16 sw-Abbildungen, gebunden
ISBN 978-3-312-00470-6

Mit eisernem Willen erzieht Amy Chua ihre Kinder zum Erfolg. Ihr Erfahrungsbericht ist rückhaltlos offen, selbstironisch und klug – und erzählt von einem gnadenlosen Kampf, der ihr und ihren Töchtern alles abverlangte. Ein sehr persönliches Buch über Ehrgeiz, Zielstrebigkeit und Konkurrenz – das jeden betrifft.

«Wir brauchen diese Kontroverse, deswegen sollten sich Eltern, Erzieher und Lehrer die Lektüre dieses spannend geschriebenen Erfahrungsberichts einer Mutter zur Pflicht nehmen.»
Bernhard Bueb

»Noch nie habe ich ein Buch, dessen Aussage so konträr zu meiner eigenen Erziehungsphilosophie steht, mit solcher Faszination gelesen. Westliche und fernöstliche Erziehung in einer bemerkenswerten Synthese!«   Petra Gerster

Nagel & Kimche

Eugen Sorg, Nathan Beck
Unbesiegbar

Reportagen. 208 Seiten,
4/4-farbig, gebunden
ISBN 978-3-312-00400-3

Eugen Sorg und Nathan Beck reisten für ihre Reportagen in die Bürgerkriegsgebiete an den Rändern der westlichen Welt, nach Afghanistan, Somalia, Liberia, in den Jemen und nach Kolumbien. Sorgs Berichte, begleitet von den eindrücklichen Bildern Becks, erzählen von Urszenen der Politik: vom tödlichen Konflikt zwischen jahrtausendealten Stammesgesellschaften, Verbrecherbanden und religiösen Erweckungsbewegungen auf der einen und modernem staatlichen Ordnungsanspruch auf der anderen Seite. In ihrer erschütternden Direktheit sind diese Reportagen genau beobachtet, plastisch erzählt und zugleich eine Reise ins Herz der zivilisatorischen Finsternis.

«Gute Reportagen sind so, wie man sie in diesem Buch zu lesen bekommt.» Carl-Wilhelm Macke, *Süddeutsche Zeitung*

Nagel & Kimche